## colección
## EL BÚHO
## VIAJERO

## Serie «Aire libre»

Director de Colección:
**Luis Gilpérez Fraile**

© Acción Divulgativa, S.L.
C/ Enrique Velasco, 40
28038 Madrid
Tfno.: 437 48 09

I.S.B.N.: 84-86411-02-5
Depósito Legal: M.13556-1.997
Imprime: ARTES GRAFICAS COFAS, S.A.- Móstoles (Madrid).

# LUIS GILPEREZ FRAILE

# LABORES CON CABOS

## MANUAL PRACTICO

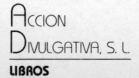

ACCION
DIVULGATIVA, S. L.
LIBROS

# PRESENTACION

¿Cuáles son las intenciones de este manual? Quizá demasiado ambiciosas. En primer lugar, ofrecer a los scouts y también a todos aquellos que aman las técnicas de aire libre, un compendio con información suficiente para iniciarse en el «arte» de las labores con cabos. Fíjese el lector, que decimos «información suficiente» y no completa. Desde el mismo momento que empezó a tomar forma en nuestra mente la idea de preparar estos cuadernos, fuimos conscientes de la imposibilidad de agotar el tema. La sola idea de los 3.900 nudos que parece ser recoge el clásico «The ashley book of knots», ya amedranta al recopilador más laborioso.

En segundo lugar, intentar unificar criterios: pocos discutirán que estas técnicas son, quizá por necesidad, una de las actividades más tradicionales de los scouts.

Ello lleva a que prácticamente la totalidad de los manuales de técnica scout, dediquen varias páginas al tema, y como dichos manuales suelen ser traducidos por no especialistas, cada vez es mayor la confusión en las voces y términos utilizados, por lo que no es raro, por ejemplo, que a un mismo nudo se le denomine de tres o cuatro maneras distintas. Para intentarlo, hemos procurado atenernos a las voces marineras españolas, pues creemos que es en la Marina donde se ha conservado con más esplendor, y desde más antiguo, el arte de las labores con cabos. Cuando la voz marinera no ha coincidido con alguna muy generalizada entre scouts y montañeros, utilizamos esta última para evitar equívocos. Finalmente, hemos rechazado los neologismos y barbarismos que sólo aportan confusión.

Al margen de ello, somos de la creencia de que algún día la humanidad contará para entenderse, con unos términos comunes internacionales, como referencia o puente entre los distintos idiomas (lo mismo que ya casi se cuenta con unas referencias internacionales para el sistema de pesos y medidas, acuerdos a los que, por cierto, se han llegado en fechas más recientes de lo que cabría suponer). Como humilde aportación al respecto, al final encontrará el lector un brevísimo vocabulario de equivalencias entre el castellano y el idioma internacional esperanto.

Debemos confesar que es brevísimo, porque no somos especialistas en el tema. Sirva sólo como intención testimonial.

En tercer y último lugar, los cuadernos intentan ser prácticos. Algunas de nuestras soluciones no coinciden con las tradicionales, cuando éstas se han mostrado menos prácticas que las que hemos autoaprendido o aprendido de anudadores prácticos.

Evidentemente, hemos dejado de incluir muchas variantes y combinaciones de nudos, trincas, vueltas..., porque en algún lado teníamos que parar. Cuando el lector se «enganche» en esta afición, a buen seguro que rebasará los límites que nos hemos impuesto.

Intentar explicar cómo se hace un nudo, una vuelta, una trinca..., es verdaderamente complicado. Por ello, hemos recurrido profusamente a las ilustraciones, aunque tenemos el convencimiento de que, al menos en este caso, la figura de un experto instructor es insustituible. Pero no olvide el lector detenerse también en el texto: ¿Cuántos scouts piensan que un amarre diagonal sirve para unir dos maderos que se cruzan diagonalmente? Hemos encontrado a tantos, que pensamos que sus instructores se olvidaron de leer los textos de los manuales.

Ama a tus herramientas, las cuerdas y cuídalas. Con una caricia descubrirás su textura, su flexibilidad, su elasticidad... El que no lo haga así, nunca será un buen cabuyero.

# CUADERNO I

## Voces empleadas en cabuyería

Cabuyería, en su sentido más marinero, significa el conjunto de todos los cabos de, por ejemplo, una embarcación; pero en el escultismo se emplea, por extensión, para denominar a las labores que se efectúan con ellos.

En la presentación de este manual, hemos intentado explicar cuáles son, a nuestro juicio, las causas principales por las que actualmente existe tanta confusión en los términos utilizados en cabuyería.

La Marina tiene una riquísima terminología al respecto. Cada cabo (cuerda no es voz marinera), cada labor, tiene su nombre propio que lo individualiza de los demás, aunque tampoco faltan los léxicos locales, si bien en muchísima menor escala de lo que cabría suponer.

No creemos que para nuestros fines sea necesario exagerar en ese sentido. Vaya aquí, por tanto, una corta lista de las voces más usuales, las cuales intentaremos ir incorporando a nuestro léxico de cabuyeros. La denominación de los nudos, vueltas, etcétera, se irá viendo en su lugar correspondiente, esto es, donde se describen, y siguiendo el criterio que también ya apuntábamos en la presentación.

*Aduja:* Vuelta o coca de forma circular u oblonga de un cabo (lámina 1, figura 2).

*Adujar:* Recoger un cabo adujándolo.

*Amarra:* Cabo empleado en amarrar.

*Amarrar:* Atar, sujetar, anudar, hacer firme un cabo.

*Amarre:* Se utiliza la voz «trinca».

*Ayustar:* Unir dos cabos mediante nudo o costura.

*Azocar:* Apretar bien un nudo o una vuelta.

*Balso:* Lazo con dos o tres adujas.

*Beta tejida:* Cabo de algodón tejido, mitad derecha, mitad izquierda, para que no se enrolle en el sentido de su eje.

*Cabo:* Cualquier cuerda.

*Cabuyería:* Conjunto de todos los cabos.

*Calabrote:* Cabo de nueve cordones.

*Cobrar:* Halar.

*Cordón:* Conjunto de filásticas retorcidas (lámina 2, figura 1).

*Costura:* Unión de dos chicotes entre sí intercolchando sus cordones.

*Cote:* Vuelta que se forma pasando el chicote de un cabo alrededor del firme y por detrás del seno (lámina 1, figura 3).

*Chicote:* Extremo o punta de todo cabo (lámina 1, figura 1).

*Driza:* Cabo para izar (lámina 2, figura 3).

*Embastado:* Liado.

*Encapillar:* Enganchar un cabo a un mástil o cuello de palo, por medio de una gaza hecha a este fin en uno de sus extremos (lámina 2, figura 3).

*Eslinga:* Trozo de cabo para eslingar.

*Eslingar:* Abrazar y suspender objetos de cierto volumen o peso.

*Estacha* (o guindaleza): cabo de tres y cuatro cordones. Las de cuatro llevan un alma colchada al revés.

*Falcacear:* Trincar con hilo el chicote de un cabo o de un cordón, para que no se descolche.

*Filástica:* Reunión de varias fibras colchadas a la derecha (lámina 2, figura 1).

*Firme:* Resto del cabo respecto a uno de sus chicotes (lámina 1, figura 1). Hacer firme: amarrar un cabo a un objeto.)

*Gaza:* Lazo, ojo, círculo u óvalo que se forma en un cabo doblándolo y uniéndolo con una costura o ligada (lámina 1, figura 4).

*Ligada:* Conjunto de vueltas de un cabo delgado para unir dos cabos o el chicote de uno en determinado punto del mismo o en otro sitio (lámina 1, figura 4).

*Nudo:* Lazo hecho de tal modo que cuanto más se hala de sus chicotes, más se aprieta o cierra (lámina 2, figura 2).

*Seno:* Arco formado por el cabo, ya sea al trabajar o cuando se hace un nudo (lámina 1, figura 1).

*Socollazo:* Sacudida o tirón violento de un cabo.

*Trinca:* Ligadura con que se amarra o sujeta alguna cosa.

*Viento:* Cabo con el que se sostiene alguna cosa en posición conveniente (lámina 2, figura 3).

*Vuelta:* Amarradura de un cabo a un objeto, para asegurar el cabo o para mover o suspender el objeto. Las voces vuelta y nudo no son siempre fáciles de distinguir (lámina 2, figura 2).

# Lámina 1

Firme

Fig. 1

Seno

Chicote

Fig. 2

Aduja

Fig. 3

Cote

Ligada

Gaza

Fig. 4

_Luis_

# Lámina 2

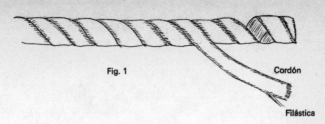

Fig. 1

Cordón

Filástica

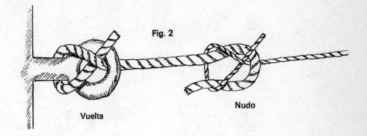

Fig. 2

Vuelta

Nudo

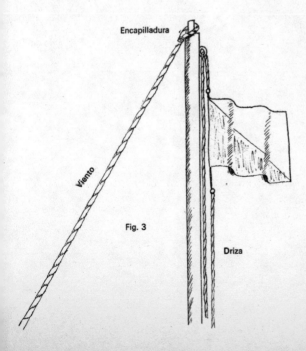

Encapilladura

Viento

Fig. 3

Driza

Luis

# CUADERNO II

# Los cabos, cómo y con qué se fabrican

Para confeccionar cabos (o cuerdas en su voz montañera) se utilizan innumerables materiales que, a grosso modo, podemos clasificar en cuatro grandes grupos: fibras de origen vegetal, fibras de origen sintético, fibras de origen animal y fibras metálicas. Los dos últimos grupos (de origen animal, como cuero, tripas, etcétera, y metálicos, como acero), no los comentaremos, por ser de un uso muy restringido para nosotros.

En el primer grupo, incluimos las cuerdas de cáñamo, pita, algodón, abacá, esparto, yute, palma, sisal, pacol, henequen, lino... Estas cuerdas vegetales (de las que en el siguiente cuaderno comentaremos sus ventajas e inconvenientes) tienen una fabricación bastante similar. Una de las más comunes, el cáñamo, se fabrica macerando la planta del mismo nombre y dejándola luego secar. Una vez secas, son limpiadas y peinadas para separar sus fibras. Posteriormente, las fibras se clasifican por su calidad y longitud, dejando los residuos no útiles para estopa, material que se utiliza para calafatear o, en otras palabras, como tapajuntas. La longitud de las fibras puede variar entre más de dos metros y menos de uno.

Una vez clasificadas las fibras, éstas se hilan, colchándolas de derecha a izquierda y formando las filásticas. Para hilarlas y colcharlas, las fibras se extienden una junto a otra, intercalando suficientemente sus extremos. Con esta operación, se consigue aumentar apreciablemente sus cualidades de flexibilidad y elasticidad.

El siguiente paso es colchar varias filásticas de izquierda a derecha, es decir, en sentido contrario y formar así un cordón. Finalmente, dos o más cordones de igual número de filásticas, peso, torcido y calidad, se colchan de nuevo de derecha a izquierda y queda la cuerda elaborada (lámina 2, figura 1). Según la mena, el número de cordones y la elaboración, los cabos toman diferentes nombres: hilos, bramantes, piolas, meollares, guindalezas, calabrotes, etcétera.

Algunas cuerdas se fabrican de forma algo diferente. Por ejemplo, las hay que llevan en su interior un cordón colchado al revés, es decir, de izquierda a derecha, que recibe el nombre de alma y cuyo objeto es rellenar el espacio interior de los cordones intercolchados, para mantener mejor su forma.

Otras, como los calabrotes, se fabrican preparando, primero, cuerdas de tres cordones colchados y, posteriormente, se colchan tres de estas cuerdas al revés, dando un total de nueve cordones.

Cuando se desea que la cuerda no tenga tendencia a enrollarse en el sentido de su eje, en razón al uso que va a recibir (por ejemplo, como driza de banderas), se fabrica según el sistema de «beta tejida», es decir, tejiendo la mitad de sus filásticas de derecha a izquierda y la otra mitad de izquierda a derecha.

Finalmente, y en lo que a forma de fabricación se refiere, hay cuerdas que sólo tienen un solo cordón e incluso sólo dos filásticas.

Las cuerdas vegetales que van a estar más expuestas a la acción del agua (caso muy frecuente en los cabos marinos) se impermeabilizan alquitranándolas o untándolas con aceite de linaza, sebo, resinas, etcétera. Esta operación se realiza filástica por filástica, o bien cuando ya están colchadas. De todas formas, las cuerdas así impermeabilizadas pierden resistencia y flexibilidad, frente a una mayor duración a la intemperie.

Una buena cuerda vegetal debe estar cuidadosamente colchada, con fibras de buena calidad y una flexibilidad adecuada al uso para el que va a ser destinada.

Las cuerdas del segundo grupo, esto es, las de fibra de origen sintético o artificial, cada día más utilizadas en razón de sus mejores resultados, también se fabrican de muy diversas maneras y materiales, principalmente: nailón, dracón, terilene y orlón. Unas, se fabrican de forma muy similar a las vegetales, por lo que será más interesante que nos detengamos únicamente en aquellas que se emplean en montaña, comúnmente denominadas, cuerdas de escalada (lámina 3, figura 1).

Las fibras de estas cuerdas, en primer lugar, están sin retorcer y tienen toda la longitud de la cuerda, no existiendo, por tanto, las filásticas. En segundo lugar, todas las fibras que la forman están reunidas a modo de alma sin colchar, por medio de una funda exterior trenzada que las defiende de la abrasión y otros accidentes externos.

Esta funda externa suele ir teñida de diferentes colores, lo que permite distinguir a unas cuerdas de otras, lo cual es, con frecuencia, útil en escalada y en espeleología, cuando se utilizan varias cuerdas a la vez, amén que estos colores son llamativos y, por tanto, las hacen más visibles.

Las cuerdas de escalada se clasifican según diferentes criterios, tema que corresponde tratar en el siguiente cuaderno, por lo que nos limitaremos a decir aquí que una buena cuerda de montaña tiene que estar fabricada con exquisito cuidado y reunir unas características muy definidas.

# CUADERNO III

## Características y usos de las diferentes cuerdas

Con una gama tan amplia de cuerdas a nuestra disposición, es lógico pensar que cada una de ellas tendrá aplicación más recomendable o específica que las demás, y así es, en efecto.

En lo que a las de fibras vegetales se refiere, la de cáñamo, quizá, pueda ocupar el primer lugar por su relación calidad-precio. Tiene muy buenas cualidades de resistencia, elasticidad y flexibilidad y hasta que aparecieron las fibras sintéticas fue la más utilizada, incluso, para usos tan delicados como la escalada.

El abacá es de resistencia similar al cáñamo, algo más flexible, más ligera y también más cara y de menor duración. El sisal y el pacol son de inferior calidad, en ese orden, que el abacá. Sus fibras son más cortas y de color oscuro. El yute, aún de mejor calidad que el abacá, se descompone más rápidamente en el agua que el cáñamo. La pita es muy económica, pero su resistencia es casi 1/7 parte que el cáñamo.

Los cabos de fibra de coco son ligerísimos y resistentes, pero bastante caros. Los de fibra de palmera son menos resistentes (1/10 de la de cáñamo), pero prácticamente imprescindibles.

El esparto sólo tiene como cualidad su bajo

19

precio, por lo demás, es débil y basto. Por el contrario, con el lino y algodón se fabrican cabos muy suaves y blancos.

También nos encontramos con una amplia variedad de cuerdas fabricadas con fibras artificiales, y tal como hicimos en el anterior cuaderno, vamos a prestar mayor atención a las que se fabrican ex profeso para montaña.

Inicialmente, podemos dividirlas en dos grandes grupos: cuerdas estáticas y cuerdas dinámicas. Se denominan cuerdas estáticas aquellas que cuentan con un bajo índice de elasticidad. Se utilizan preferentemente en espeleología para ascender por medio de unos artilugios llamados bloqueadores y ascendedores y son las cuerdas ideales para montar tirolinas. Efectivamente, si se monta una tirolina con una cuerda elástica, por bien que se tense, al soportar la carga del que la cruza, la cuerda dará de sí y formará un seno tan amplio que inutilizará la tirolina, mientras que el alargamiento de estas cuerdas bajo un peso de 80 kilos ronda sólo el 1 por 100. En las cuerdas dinámicas, por el contrario, se busca una cierta elasticidad (de un 3 a un 8 por 100 con una carga de 80 Kg.). Estas cuerdas se utilizan para «asegurar» y gracias a su elasticidad, en el caso de una caída, el montañero asegurado con una cuerda dinámica no sufre una parada brusca, sino que la cuerda actúa como «muelle», evitando las lesiones que de otra forma se producirían.

Lógicamente, tanto las cuerdas dinámicas como las estáticas, se agrupan también en razón de su grosor. El grosor expresado por la longitud de su circunferencia recibe el nombre de mena, pero cada vez se utiliza más expresarlo por su diámetro en milímetros. Las medidas más usuales son de 3 a 8 mm. para cuerdas auxiliares y de 9 a 11 para las de escalada y espeleología propiamente dicho.

Para las cuerdas estáticas aún no existen normas que precisen sus características, pero para las dinámicas la Unión Internacional de Asociaciones de Alpinismo ha precisado unos criterios muy estrictos, y solamente las cuerdas que los cumplen reciben certificado como garantía de uso.

Estos requerimientos son los siguientes:
— Seguridad en el choque.
— Fuerza máxima.
— Alargamiento con el uso.
— Ensayo del nudo.

La seguridad en el choque valora la energía que absorbe la cuerda cuando una persona encordada a ella sufre una caída, y la fuerza máxima valora la energía que no absorbe la cuerda y que, por tanto, sufre el «encordado».

Esta valoración se hace en razón de dos datos: las fuerzas máximas que puede sufrir una persona encordada sin sufrir lesiones extremadamente graves, y el coeficiente de choque. Pruebas simuladas y casos reales han permitido establecer el esfuerzo máximo soportable en 1.200 Kg. El coeficiente de choque relaciona la distancia de caída del cuerpo con la longitud de cuerda, que soporta dicha caída (ver lámina 3, figuras 2, 3 y 4). Así, si fijamos una cuerda de veinte metros por uno de sus extremos y desde ese punto dejamos caer un objeto atado al otro, ese objeto habrá caído veinte metros cuando la cuerda frene su caída y habrán sido veinte metros de cuerda los que hayan frenado la caída: $20/20 = 1$. El coeficiente de choque es uno. Sin embargo, si el objeto lo dejamos caer desde veinte metros más arriba de donde se fije la cuerda, recorrerá cuarenta metros, antes de que los veinte de cuerda lo frenen: $40/20 = 2$. El coeficiente en este caso será dos.

Lo mismo ocurriría usando cuarenta metros de cuerda, por ejemplo, en el primer caso, $40/40 = 1$, y en el segundo, $80/40 = 2$. Las pruebas se realizan con coeficiente dos, que, lógicamente, es el mismo.

El alargamiento con el uso, muy relacionado con lo antes expuesto, valora dos propiedades contrarias, o, mejor dicho, el equilibrio entre dos propiedades contrarias: el mínimo alargamiento que deben tener las cuerdas para permitir trabajos de tracción sin excesivo efecto muelle, y el alargamiento que deben tener para amortiguar las caídas. Ya decíamos que dicho alargamiento debe estar entre un 3 y un 8 por 100, aproximadamente.

Finalmente, las cuerdas deben tener una cierta flexibilidad para permitir que los nudos y vueltas que con ellas se hagan tengan un máximo de fiabilidad. Para comprobar esa cualidad, se hace un nudo de malla en la cuerda y se la somete a un esfuerzo de 10 kilos durante un minuto y, posteriormente, se mantiene una tensión de un kilo. Entonces el diámetro inferior de la malla debe ser inferior al diámetro de la cuerda. En caso contrario, los nudos podrían deshacerse con excesiva facilidad, lo cual es obviamente peligroso.

Es superfluo decir que el certificado de homologación de UIAA es una garantía que debe exigirse en cualquier cuerda dinámica de escalada. Las otras se emplean como cuerdas auxiliares para confeccionar bagas, anillas de rappel, mosquetonear, etc., eligiendo un milimitraje u otro, según la carga de rotura (ver cuaderno 5) y los requerimientos a los que la sometemos, pero nunca para asegurar una escalada.

Independientemente de las características hasta ahora enumeradas, en las cuerdas de fibras artificiales hay que tener en cuenta otros factores que, según el uso que las vayamos a dar, nos permitirán escoger la más adecuada. Estas características son: la resistencia a la abrasión (la cual debe ser superior en las estáticas), su textura, su peso por metro y su capacidad o no de absorber agua (las cuerdas denominadas «everdy» o «siempre secas» son prácticamente impermeables), pues téngase presente que una cuerda normal mojada puede llegar a pesar el doble que seca.

Finalmente, el mercado ofrece cuerdas bicolores y bidibujo, esto es, cuerdas que en su mitad se efectúa un cambio de color o de dibujo en los hilos de la funda, para poder diferenciar sin dificultad ambas mitades cuando se emplean en doble.

El lector podrá formarse una opinión más exacta de las cualidades de estas cuerdas observando las características de dos modelos, según las garantiza una acreditada marca española:

*Cuerda dinámica de 11 mm.*

Diámetro: 11 mm.
Peso por metro: 74 gramos.
Número de saques sin rotura: seis (número de veces que sufrió el factor 2).
Peso utilizado: 80 kilos.
Alargamiento con 80 Kg.: 5 por 100.
Ensayo del nudo: 9 mm. (2 mm. menos que su diámetro).

*Cuerda estática de 10 mm.*

Diámetro: 10 mm.
Peso por metro: 76 gramos.
Carga a la que rompe: 2.200 Kg. (al ser estática no puede probarse con factor 2).
Alargamiento que sufrió antes de romper: 21 por 100.
Alargamiento con 80 Kg. de carga: 1 por 100.
Retención de agua: 3 por 100.

# Lámina 3

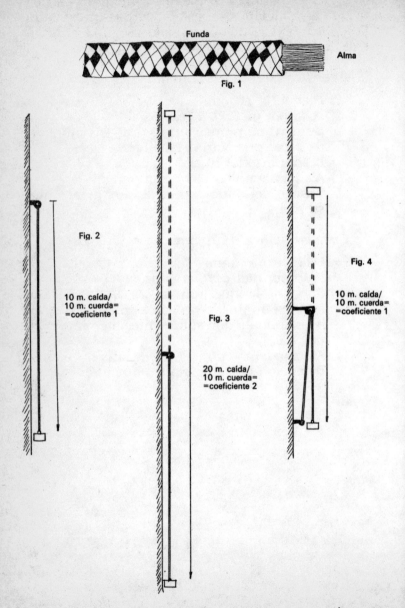

Funda

Alma

Fig. 1

Fig. 2

10 m. caída/
10 m. cuerda=
=coeficiente 1

Fig. 3

20 m. caída/
10 m. cuerda=
=coeficiente 2

Fig. 4

10 m. caída/
10 m. cuerda=
=coeficiente 1

# CUADERNO IV

# Cuidados y conservación de los cabos

Las cuerdas, como cualquier otra herramienta, necesitan estar en buenas condiciones para ser utilizadas con fiabilidad, pero no es ésa la única razón que aconseja prodigarlas algunos cuidados básicos: por un lado, las cuerdas de buena calidad, tanto vegetales como sintéticas, alcanzan ya unos precios considerables, y esos mismos cuidados pueden alargar su vida útil apreciablemente. Por otro, una cuerda descolchada, sin rematar en sus chicotes, embastada..., parece estar en contraposición con la cuerda que tiene la suerte de ser propiedad de un cabuyero que se precie de serlo. «Muéstrame tus cuerdas y te diré qué clase de cabuyero eres», podría ser una de nuestras máximas. Las cuerdas de fibra vegetal son bastante más delicadas que las sintéticas y a ellas nos referimos en primer lugar.

Conservarlas siempre secas es una de las más básicas reglas. Los cabos vegetales pueden absorber considerables cantidades de agua, agua que hincha sus fibras y las somete a grandes tensiones que pueden reducir su resistencia hasta una tercera parte. Si la humedad la conservan durante algún tiempo, algunas fibras llegan a pudrirse o a criar hongos que literalmente se las comen. También hay que cuidar el no mancharlas con grasas o aceites e impedir que tomen contacto con tierra o arena, pues al introducirse ésta entre sus cordones actúa a modo de lija, lenta pero inexorablemente. Caso de que ocurra alguno de estos accidentes, pueden lavarse con agua, incluso jabonosa, aclararlas bien y dejarlas secar a la sombra. Tampoco deben de guardarse nunca con nudos o cocas cerradas, que deformarían su estructura para siempre.

Las cuerdas nuevas poco flexibles pueden tenderse ligeramente húmedas, con sus dos chicotes firmes y el seno casi cobrado, y pasar una coca por una botella, de modo que la podamos hacer correr a lo largo del firme varias veces.

Finalmente, todo cabo tiene que tener sus chicotes bien rematados para evitar el descolchado de sus cordones. Hay muchas formas de rematar los chicotes. A los cabos de poca mena basta con hacerles un nudo de ocho (lámina 14, figura 2) y a las de mena mediana y gruesa, por medio de un nudo de falcaceo o una costura de remate.

Para falcacear el chicote se utilizará un bramante de cáñamo y se trincará fuertemente tal como se muestra en la figura 1 de la lámina 4 o en la figura 2 de la misma lámina.

Otra solución de gran limpieza es enhebrar el bramante en una aguja de coser lonas, pasarla a través de los cordones, darle unas cuantas vueltas al chicote y azocarlas, pasando la aguja en el sentido del colchado de los cordones y entre éstos (lámina 4, figura 3).

Pero quizá la solución más duradera sea el efectuar una costura de remate, operación que se describe detalladamente en el cuaderno 4.

Los chicotes de las cuerdas de fibras artificiales tienen, sin embargo, una más fácil y práctica manera de ser rematados. Basta suspenderlos encima de la llama de una cerilla o mechero, y cuando las fibras empiezan a derretirse (lo hacen a unos 250º), con los dedos ligeramente húmedos para no quemarse, se aplastan bien. Después de esto, a algunas cuerdas acostúmbrase a ponerlas una funda de material termorretráctil en el chicote (son como anillos de color, que se ajustan al calentarlos) sobre la que se escribe la longitud de la cuerda. Por lo demás, las cuerdas sintéticas necesitan parecidos cuidados, si exceptuamos el problema de la humedad, que a este tipo de cuerdas no los afecta (lo cual no quiere decir que sea aconsejable guardarlas húmedas).

Sin embargo, las cuerdas que utilicemos para trabajos extremadamente delicados, como son las de seguro, rappel, etc., debemos desecharlas inmediatamente y utilizarlas para otros menesteres si:

— Han soportado una fuerte caída que haya podido variar su capacidad de alargamiento.

— Si su funda ha sufrido graves daños externos, como cortes o fuertes desgastes.

— Si sospechamos que ha podido sufrir daños internos no visibles, como consecuencia, por ejemplo, de la caída sobre ella de una piedra. En ese caso, es mejor cortarla por ese punto.

— Si se ha manchado con productos químicos como petróleo, gasolina, aceites, ácidos, etc.

— Si la funda acusa un envejecimiento importante, como decoloración, floreo, etc.

Para adujar las cuerdas, esto es, recogerlas para guardarlas, existen muchas soluciones. La mejor forma es adujarlas sobre una superficie plana, con las adujas «al derecho», o sea, en el mismo sentido que la colcha del cabo, como el movimiento de las agujas de un reloj. Hacerlo al contrario se denomina adujar «en contra» y no es recomendable. Una vez enrolladas, se trincan con un bramante los chicotes al mismo mazo para que no se suelten. Si el cabo es de muy poca mena, puede adujarse alrededor de la mano; si es de mena mediana, entre el índice y el pulgar y el codo, con el brazo flexionado, y las más gruesas, entre la mano y la planta del pie. Las adujas pueden hacerse con la cuerda en simple o con la cuerda en doble (lo cual es frecuente en las cuerdas para rappel).

Sea como fuere, una vez adujada conviene dar algunas vueltas con el chicote al mazo, en alguna de las formas que se indica en la lámina 5. Si la cuerda va a ser colgada (lo cual no se hará sobre un clavo que pueda oxidarse y estropear la cuerda) la última parte del cabo se pone en doble y se le dan dos vueltas superpuestas como una «vuelta de ballestrinque», con lo cual queda el mazo bien trincado y una gaza para colgarlo.

Cuando hay que recoger el firme sobrante de una driza sobre una cornamusa, se retuercen tres o más vueltas a una gaza por el lado contrario del chicote, se abraza al mazo y se sujeta en la parte superior con dicha gaza.

Si la cuerda debe ser transportada a la espalda, la mejor solución es adujarla en doble, envolver con varias vueltas las adujas y con los chicotes sobrantes se cuelga a la espalda, pasándolas por detrás y anudándolas delante, lo cual también se explica en la lámina 5, figuras 3A y 3B.

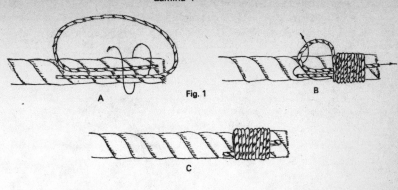

A                          B

Fig. 1

C

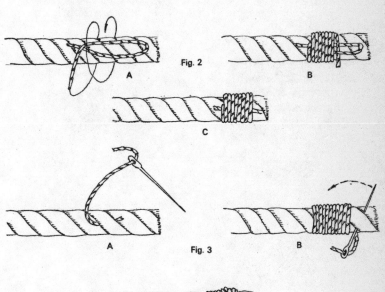

A                          B

Fig. 2

C

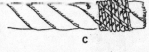

A                          B

Fig. 3

C

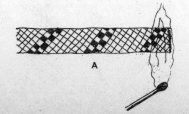

A

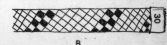

B

Fig. 4

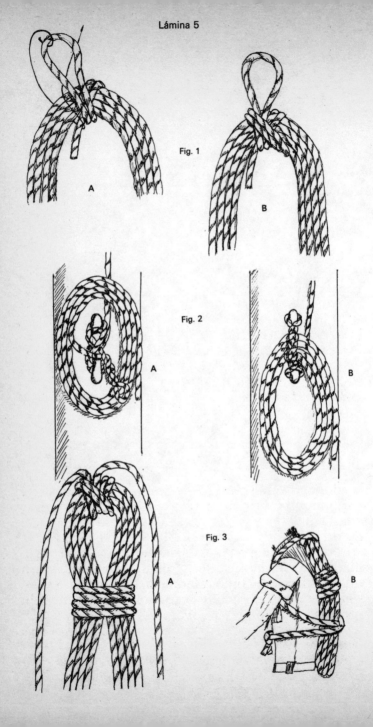

Fig. 1

A

B

Fig. 2

A

B

Fig. 3

A

B

# CUADERNO V

## La resistencia de los cabos

Ciertos trabajos y usos que damos a las cuerdas requieren que el cabuyero conozca previamente la resistencia de las mismas, para poder escoger o calcular la que necesitará.

Existen algunas fórmulas que permiten calcularla en razón de su mena o de su diámetro y del material con el que están fabricadas, pero lo cierto es que hemos comparado algunas de ellas y los resultados difieren notablemente, lo que nos hace pensar que se han hecho utilizando parámetros diferentes.

Por ejemplo, en lo que a cuerdas colchadas se refiere, no es igual considerar la mena o sección aparente que la real. Esta es sólo la 8/10 parte de la primera, a causa de los intervalos entre sus cordones. También hay que tener en cuenta que el método de fabricación o la calidad de las fibras empleadas hace variar notablemente la resistencia de un cabo.

Por ello, remitiríamos siempre a los datos facilitados por el fabricante, y damos a continuación unas tablas sólo como referencia, tablas que corresponden a dos fabricantes españoles de reconocido prestigio por su calidad. Pero para el uso práctico de estas tablas debe tenerse en cuenta que las tablas se refieren a la «carga de rotura», y que una cuerda no debe someterse a esfuerzos cercanos a dicha carga, pues aunque no rompa en el primer o primeros esfuerzos, quedará muy debilitada y podrá ceder, posteriormente, ante una carga mucho menor. Las cuerdas, por tanto, deben utilizarse en razón de lo que se llama su «carga de seguridad», y ésta debe ser 1/5 de su «carga de rotura» si el esfuerzo es estático y sólo 1/10 si el esfuerzo es dinámico (socollazos o tirones bruscos).

Por otro lado, con lo ya expuesto y sobre la base de la «carga de rotura» de los cabos de cáñamo, puede calcularse que el abacá tiene un 90 por 100 de dicha resistencia; el sisal, un 70 por 100, y el esparto, alrededor del 10 por 100. Por el contrario, el nailón es un 70 por 100 más resistente que el cáñamo; el orlón, un 100 por 100, y las modernas cuerdas de escalada, alrededor de un 200 por 100 más.

Pero uno de los usos más frecuentes en actividades de aire libre de las cuerdas de cierta mena es el de tirolinas y similares, es decir, con la cuerda tendida y tensada con los dos chicotes hechos firmes, y en estas circunstancias, los esfuerzos a los que se ve sometida la cuerda son superiores a los que en principio cabría suponer: por un lado, para cobrar el seno, es decir, para tensarla y que no forme una flecha excesiva al soportar la carga, a veces hay que aplicar una fuerza de tensión de centenares de kilogramos, fuerza que tendrá que ser mayor cuanto mayor sea la distancia de separación de los firmes. Por otro lado, al aplicarle esta fuerza la cuerda puede disminuir de mena apreciablemente, lo cual es también una disminución de resistencia y, finalmente (al menos para simplificar), la carga soportada en estas condiciones multiplica su peso por una variable que depende, entre otras cosas, de la distancia a la que se encuentra de los firmes (y que será máxima al encontrarse equidistante). Para comprender esto mejor, supóngase el lector que tiende una tabla de varios metros apoyada por sus extremos sobre dos objetos y que empieza a recorrerla.

En un punto cercano a cualquiera de sus dos apoyos, la tabla resistirá el peso, pero cuando estemos en el centro puede romperse. Ello quiere decir que en el centro «pesamos más» por un curioso efecto de palanca. Pues bien, lo mismo ocurre con una cuerda tendida, y si bien es cierto que estas fuerzas que intervienen pueden calcularse, los métodos para hacerlo (fórmulas) son tan complicados que no resultan prácticos para nuestros usos, y nuestro consejo es utilizar para tirolinas cuerdas estáticas de un mínimo de 10 mm. de diámetro y seguir para su montaje las instrucciones que damos en el cuaderno correspondiente. Si se utiliza cuerda de cáñamo, ésta debe ser de más de 20 mm. de diámetro.

## CABOS DE CAÑAMO

| Diámetro en milímetros | Carga de rotura en Kg. | Carga de seguridad estática en Kg. | Carga de seguridad dinámica en Kg. |
|---|---|---|---|
| 3 . . . . . . . . . . . | 200 | 40 | 20 |
| 4 . . . . . . . . . . . | 290 | 58 | 29 |
| 5 . . . . . . . . . . . | 395 | 79 | 39,5 |
| 6 . . . . . . . . . . . | 460 | 92 | 46 |
| 7 . . . . . . . . . . . | 550 | 110 | 55 |
| 8 . . . . . . . . . . . | 610 | 122 | 61 |
| 9 . . . . . . . . . . . | 700 | 140 | 70 |
| 10 . . . . . . . . . . | 870 | 174 | 87 |
| 11 . . . . . . . . . . | 950 | 190 | 95 |
| 12 . . . . . . . . . . | 1.050 | 210 | 105 |
| 16 . . . . . . . . . . | 1.870 | 374 | 187 |
| 24 . . . . . . . . . . | 4.200 | 840 | 420 |
| 32 . . . . . . . . . . | 7.250 | 1.450 | 725 |
| 40 . . . . . . . . . . | 11.510 | 2.302 | 1.151 |
| 48 . . . . . . . . . . | 16.510 | 3.302 | 1.651 |

## CUERDAS DE MONTAÑA Y ESCALADA

| Diámetro en milímetros | Cuerdas auxiliares carga de rotura en Kg. | Cuerdas estáticas carga de rotura en Kg. |
|---|---|---|
| 3 | 220 | — |
| 4 | 410 | — |
| 5 | 565 | — |
| 6 | 750 | 700 |
| 7 | 1.060 | 1.100 |
| 8 | 1.300 | — |
| 9 | 1.500 | 1.600 |
| 10 | — | 2.200 |

# CUADERNO VI

## Nudos y vueltas

Quizá cuando al principio del presente manual hablábamos de la existencia de cerca de 4.000 nudos clasificados, habrá podido el lector asustarse de la posible complejidad que le esperaba, pero no ha lugar a ello, pues bien es cierto que conociendo un par de docenas, o quizá menos, un hábil cabuyero puede salir bien de cualquier trabajo que emprenda.

Efectivamente, para un mismo fin existen varios nudos o vueltas, pero todos tienen con respecto a los demás cierta característica propia y esencial que lo «personifica». Así, descubrir cuál es el nudo preciso de entre los demás para una función concreta es una habilidad que sólo la práctica concede.

Además, «saber hacer un nudo» no es sólo saberlo hacer diestramente y saber hacer el preciso para cada circunstancia, sino que también hay que saber hacerlo en cada caso: tanto con luz como a oscuras, cómodamente sentado o en un precario equilibrio, a veces bajo el agua y otros, quizá, con una sola mano.

La cabuyería requiere de nosotros (y si no la tenemos nos la desarrolla) no sólo una cierta habilidad manual, sino virtudes como la paciencia y el deseo de perfección.

Para aprender a «hacer nudos», sólo puede

darse un consejo: practicar y practicar; pero para convertirse en un cabuyero hay que mirar a la cabuyería más como a una actividad intelectual que manual, relajante y absorbente.

A los nudos hay que comprenderlos, descubrir su por qué, relacionar su causa y su efecto, su concepción y su función.

Sólo captando la esencia, el ingenio, las razones de sus matices, la estructura siempre lógica de los nudos, podrá el lector convertirse en un buen cabuyero.

A medida que se avanza en este tema de la cabuyería, al contrario de lo que ocurre en otras técnicas, la labor se va facilitando, y ello por varias razones: nuestros dedos van perdiendo torpeza, y a nuestro deseo de perfección le encontrarás razones lógicas, pero también descubrimos que los nuevos nudos y vueltas que aprendemos, son aplicaciones ingeniosas de los primeros nudos y vueltas básicos que aprendimos.

Cuando empezamos a clasificar los nudos y vueltas que teníamos intención de incluir, dudamos si atenernos a criterios de función, complejidad o utilidad. Al final nos decidimos por lo primero, pero respetando en lo posible el comenzar por los más útiles y simples.


## NUDO LLANO (lámina 6, figura 1)

Este nudo se emplea para ayustar dos cabos de igual mena. En el dibujo puede observarse que para que esté bien hecho los chicotes deben salir por la parte de su propio firme, detalle éste importante, pues vulgarmente se hace al revés (nos referimos a los no cabuyeros), lo cual provoca que al azocarlo se deforme perdiendo su bella simetría, amén de que luego es bastante más difícil de deshacer. Para hacerlo, se cruzan los chicotes de las cuerdas a unir, pasando el derecho sobre el izquierdo; luego el chicote del derecho se pasa por debajo y por detrás del firme del izquierdo y se cruzan de nuevo: ahora el chicote que está a la derecha se pasa por debajo y por detrás del firme del izquierdo cuidando siempre que los chicotes salgan por el mismo seno.

Es un nudo muy fuerte y uno de los más utilizados. Con frecuencia se le llama nudo de rizo, pero conviene distinguir ambos.


## NUDO DE RIZO (lámina 6, figura 2)

Se utiliza también para unir cabos de igual mena y, como puede verse en la figura, es muy similar al nudo llano, aunque hecho con uno de los chicotes con seno. De esa forma se deshace con mayor facilidad, pues basta tirar fuertemente del chicote superior.


## NUDO DE LAZADA (lámina 6, figura 3)

Sigue siendo básicamente un nudo llano, pero hecho con sus dos chicotes con seno. Este nudo se utiliza para unir los cordones de los zapatos, de las mochilas, etc., y en general cuando se desea hacer un nudo que se pueda deshacer muy rápidamente. Tal como advertíamos en el llano, para que esté bien hecho debe de cuidarse que los senos por chicote salgan acompañando a su firme correspondiente.


## NUDO DE CIRUJANO (lámina 6, figura 4)

Este nudo se utiliza para unir dos cabos de igual mena. No se puede deshacer accidentalmente al tirar de un chicote (como ocurriría con el rizo o el lazada), pero sí se puede deshacer fácilmente cuando se desea por mucho que se haya azocado. Esto se consigue cruzando dos veces los chicotes de las cuerdas a unir antes de terminar como el llano. Así, la mayor longitud de las primeras vueltas defienden del excesivo azoque al cruce superior. Hemos consultado a un par de cirujanos y no es éste el nudo que dicen utilizar para suturar, pero por sus cualidades, muy bien podría ser ésa una de sus funciones.

## GRUPO DOBLE DE CALABROTE

Es un nudo que se utiliza para unir cabos de mucha mena y también cables de acero. Se comienza formando un seno cruzado con el chicote de la izquierda, y luego de pasar el de la derecha por encima de los dos primeros cruces y alternados el resto, cruzamos también su firme saliendo por el lado opuesto. Para que los chicotes no estorben, se suelen trincar con una ligadura a su firme (lámina 6, figura 5).

## MEDIO NUDO O MALLA (lámina 7, figura 1)

Es el nudo más básico y aunque por sí sólo tiene poca aplicación práctica, es el origen de muchísimos otros. Para hacerlo, sólo hay que formar un seno y pasar el chicote por su interior.

## NUDO ORDINARIO O NUDO DE CINTA
(lámina 7, figura 2)

Es un nudo muy fuerte que se utiliza para unir cabos de bastante mena, o bien cuando se busca un nudo de unión de mucho azoque. También es el nudo apropiado para unir cintas, esto es, cuerdas planas o tubulares que se utilizan con frecuencia en escalada y espeleología, para bragueros, anillas de rappel, etc.

Se comienza haciendo una malla en uno de los

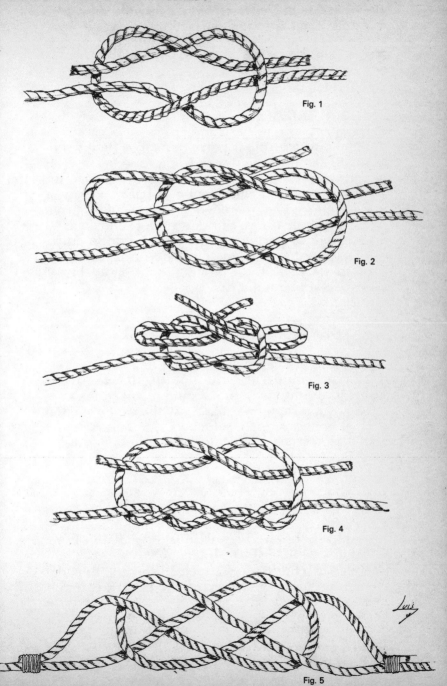

Fig. 1

Fig. 2

Fig. 3

Fig. 4

Fig. 5

chicotes y con el otro cabo se sigue el chicote de la malla hasta salir por su firme. Para azocarlo es conveniente halar al mismo tiempo de ambos firmes sujetando sus respectivos chicotes. Así no quedan senos sin azocar.


## NUDO DE TEJEDOR

Este nudo se utiliza para unir cabos de diferente mena (lámina 7, figura 3). Como puede verse en la figura, con el cabo de mena mayor se hace un seno y con el de mena menor se pasa su chicote por el seno y luego alrededor del chicote y firme para sacarlo de nuevo por dentro del seno, bajo su firme y por la parte contraria a por donde entró. Con este nudo, también se pueden unir cabos de igual mena y se utiliza precisamente para fabricar redes, de ahí su nombre.


## NUDO DE TEJEDOR DOBLE

Cuando la diferencia de mena de los dos cabos a unir es grande, el nudo de tejedor se vuelve inseguro y entonces es recomendable utilizar el tejedor doble (lámina 7, figura 4). Se comienza igual que el anterior, pero el cabo de menos mena abraza dos veces al chicote y firme del otro, antes de salir.


## NUDO DE PESCADOR

Este nudo se emplea para unir cabos de poca mena, de manera muy segura. Igualmente es útil cuando los cabos son escurridizos, como, por ejemplo, las tanzas de los aparejos de pesca y cuerdas mojadas. Se iniciará haciendo con uno de los cabos una malla cerca de su chicote. El siguiente paso es introducir el chicote del otro por dentro

Fig. 1

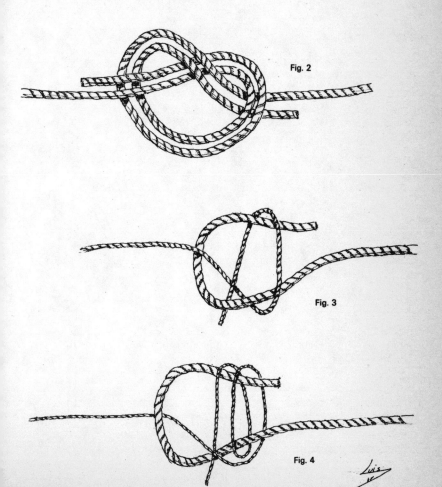

Fig. 2

Fig. 3

Fig. 4

Lámina 8

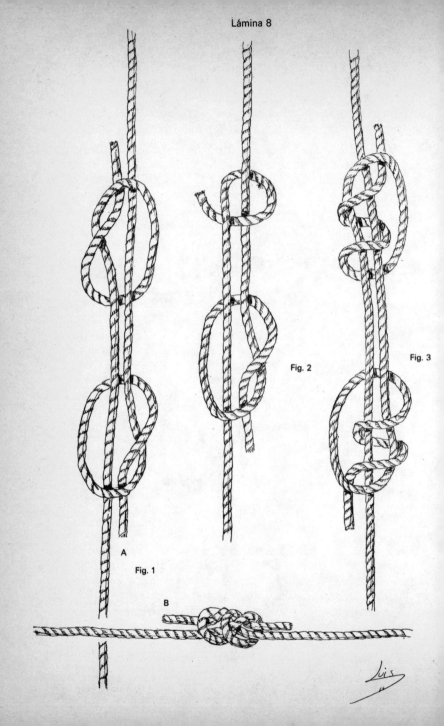

Fig. 1

Fig. 2

Fig. 3

A

B

de dicha malla, para hacer otro medio nudo en el firme del primero (lámina 8, figura 1-A) y azocar, posteriormente, halando de ambos firmes (misma lámina 1, figura 1-B). Para que el nudo quede simétrico, las mallas deben de hacerse de forma que sus chicotes salgan por el mismo lado del firme que aprietan y no al contrario.

Otra variante del nudo de pescador, más rápida de hacer y algo menos segura, es la que se muestra en la lámina 8, figura 2. Aquí, con un chicote se ha hecho un medio nudo y con el otro simplemente un cote, que queda mordido al azocar.

Finalmente, la figura 3 de la misma lámina 8 muestra una tercera variante más segura, pero también deja un nudo más grueso. Para realizar este pescador asegurado, se cruzan los chicotes en dirección contraria con parte del firme. Con uno de ellos se hace una malla sobre el firme del otro y después se da una vuelta más, mordiendo tanto el firme como su propio seno. Hecho esto, con el otro chicote se repite la maniobra cuidando también que los chicotes salgan siempre junto al firme del cabo contrario. Primero, se azocan las mallas dobles y, después, el nudo halando de ambos firmes en dirección contraria.

## NUDO DE AS DE GUIA

Este nudo, uno de los más útiles, ofrece la posibilidad de hacer gazas no corredizas para muy distintos usos. En la figura 1 de la lámina 9, puede verse sin azocar A) y azocado B). Para realizarlo sobre el mismo firme del cabo se hace un seno, por dentro del cual se introduce el chicote, que pasando detrás del firme, vuelve a introducirse en el seno, por donde entró. Fijándose bien, es en definitiva un nudo de tejedor ingeniosamente utilizado. El chicote, según interese, puede salir por el interior de la gaza, o por el exterior (figuras 1 y 3,

43

respectivamente). Una variante de este nudo, es el mostrado en la figura 2 de la misma lámina. Aquí, hemos asegurado el chicote con una malla en el seno. Se realiza igual que el anterior, pero antes de introducir el chicote por el seno, se hace un medio nudo, por cuyo interior se pasará el chicote después de azocar el nudo, quedando así más sujeto.

Cuando la cuerda es especialmente resbalosa, el as de guía puede asegurarse con un seno doble, tal como se muestra en la figura 3 de la lámina 9. La realización es muy similar a la del As de guía, pero se hacen dos senos seguidos en el firme antes de introducir el chicote. Puede observarse que es otro ingenioso uso de un nudo anterior: el tejedor doble.


## NUDO DE BALSO POR SENO

Este nudo deja dos gazas no corredizas a disposición, en vez de una. Se realiza poniendo la cuerda en doble y efectuando con ambas un seno en su firme. Después se introduce el final por dentro del seno (como en el as de guía) y ahora la gaza semiformada se introduce por la gaza del final hasta sobrepasar el seno, y se azoca. En la lámina 9, figura 4 puede verse el inicio del nudo A) y el nudo listo para ser azocado B).


## UN BALSO POR SENO ASEGURADO

Puede hacerse tal como se muestra en la lámina 10, figura 1, realizando con la cuerda en doble, un medio nudo en vez de un seno. Por el interior de la malla se introduce el extremo, y todo lo demás se realiza como en el balso por seno.

Evidentemente, para obtener dos gazas no corredizas, también puede utilizarse el As de Guía con la cuerda en doble (as de guía doble) pero el nudo

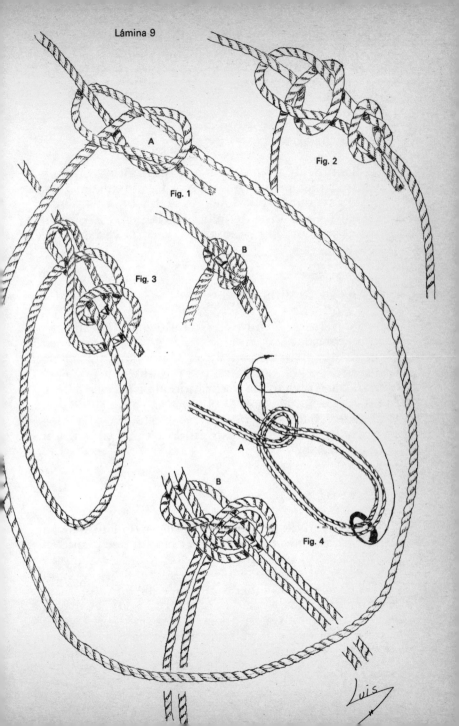

Lámina 9

Fig. 1

A

Fig. 2

Fig. 3

B

A

B

Fig. 4

Luis

queda bastante más grueso que con las soluciones anteriores (lámina 10, figura 2).

Para realizar gazas no corredizas, existen muchas otras soluciones con sus virtudes y defectos frente al As de Guía, y entre ellas cabe destacar:

## NUDO CIEGO

(Lámina 10, figura 3) es un nudo muy rápido y seguro que se azoca mucho. Para realizarlo, se pone la cuerda en doble y se hacen dos senos sucesivos en forma de ocho, introduciendo el final por el primer seno y se azoca. Es una variante del Lasca.

## NUDO DE MARIPOSA

(Lámina 10, figura 4.) Cuando las cuerdas son muy resbaladizas, puede hacerse este nudo: se hace una malla en el firme y por su interior se introduce el chicote. Una vez pasado, con el chicote se hace otra malla abrazando el firme y se azoca. Debe procurarse que el chicote salga en dirección al firme para que quede más estético y menos grueso. En definitiva, este nudo es una aplicación del pescador.

## NUDO DE GUIA

Es un nudo muy simple (lámina 10, figura 5). Se inicia haciendo una malla en el firme por la que se introduce el chicote. Luego, con éste se hace otra malla; pero sobre el seno y no sobre el firme como en el anterior. El chicote puede salir hacia el firme o hacia la gaza.

Cuando se desea hacer la gaza no corrediza a mitad del firme y no hacia alguno de los chicotes, puede emplearse el nudo de *arnés de hombre*.

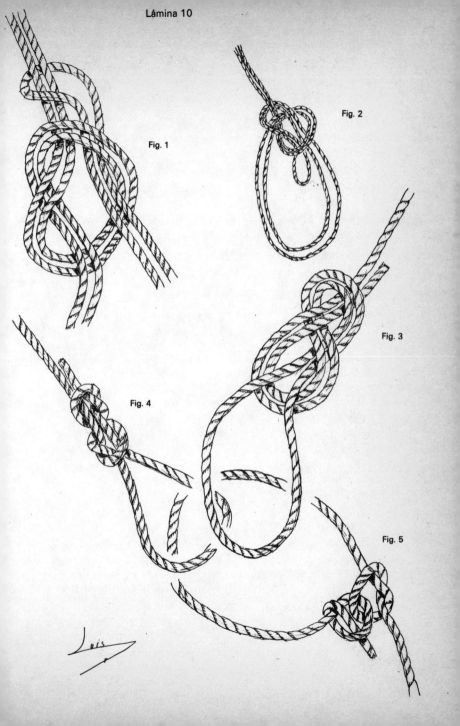

Fig. 1

Fig. 2

Fig. 3

Fig. 4

Fig. 5

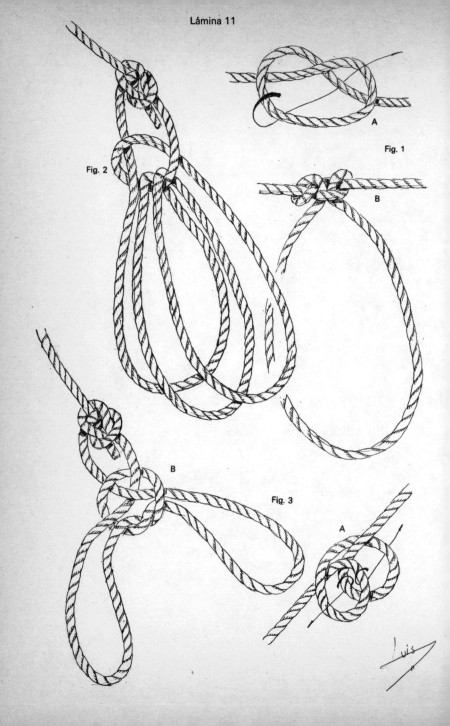

Lámina 11

Fig. 1

A

B

Fig. 2

Fig. 3

A

B

Para realizarlo, en la parte del firme que se desee, se inicia una malla, pero sin introducir el chicote por el seno, sino introduciendo el seno entre el cruce que se forma al iniciar la malla, tal como se muestra en la figura 1-A de la lámina 11. Luego se hala del seno hasta formar la gaza del tamaño deseado, y finalmente se azoca el nudo lateralmente. Es muy importante azocarlo cuidadosa y fuertemente, pues de lo contrario, cuando el nudo recibe fuerza de ambos lados del firme, puede deformarse, haciéndose corredizo, con el consiguiente peligro para el encordado, si es que se le da dicho uso.

Este nudo se utiliza para suspender personas, bien para subirlas, bajarlas o descolgarlas en algún lugar determinado (lámina 11, figura 2). Se hace recogiendo tres adujas y pasando el chicote por encima y por detrás de los tres, para llevarlo al firme sobre el cual se hace un As de Guía. Para utilizarlo, una de las adujas se pasa debajo de los brazos, otra de apoyo para sentarse y la tercera para sostener las rodillas. También puede hacerse con sólo dos adujas, utilizando una para sentarse y la otra como apoyo de la espalda.

## SILLA DE BOMBERO

Este nudo deja dos gazas para introducir las piernas y sentarse frente a él. Si no se hace sobre la misma cuerda, sino con otro cabo más corto, los dos chicotes pueden pasarse tras la espalda y anudarse. Entonces el chicote de la cuerda se ata en el cruce central de la coca. Para hacerlo se toman dos cocas tal como se indica en la figura 3-A de la lámina 11. El seno de cada coca se pasa por dentro de la otra y se hala hasta formar las dos gazas. El chicote se asegura en el firme con un As de Guía. De iguales aplicaciones hay otros nudos, dos de los cuales reseñamos aquí en la lámina 12, por su belleza e ingenio. El primero es el *Ceremonial indio*. Se comienza cogiendo un cabo por dos puntos y dejando caer el seno formado sobre el firme, con lo que se forman dos cocas contrarias (figura 1-A). Una de ellas se pasa sobre el firme doble y sobre la otra, y la otra sobre la primera, bajo el firme, y se saca entre éste y la primera (figura 1-B) azocándose a continuación, quedando con la simetría que se aprecia en la figura 1-C. El segundo nudo es el *As de Guía español*. Se comienza también tomando el cabo por dos puntos y dejado caer el seno formado sobre el firme doble. Luego se da media vuelta a ambas cocas en sentido contrario y se introduce una por el interior de la otra (figura 2-A). Entonces, se hala del seno original por dos puntos, pasándolo a través de las dos cocas, y cuando se tienen las gazas del tamaño deseado, se azoca, quedando como en la figura 2-C.

## NUDO CORREDIZO

Si con los anteriores se buscaban gazas no corredizas, con éste y los dos siguientes nudos se busca todo lo contrario. Se inicia una malla (lámina 13, figura 1-A), pero no se termina de introducir el chicote por el seno, sino que se hala del firme. Se azoca tirando del chicote y del seno y queda listo. Si la gaza no se pasa a través de algún objeto, al tirar del firme el nudo se deshace.

## AHORCA-PERRO

Este nudo, con un nombre tan desagradable a nuestro entender, es un As de Guía, por el interior de cuya gaza se pasa el firme. En la lámina 13, figura 2 puede verse, no ofreciendo mayor dificultad.

## NUDO DEL AHORCADO

Tampoco es demasiado agradable el nombre de este nudo. Deja una gaza que se corre con cierta facilidad si se sujeta bien el nudo y se tira del seno en dirección contraria al nudo (lámina 13, figura 3-B). Se inicia haciendo un seno tan amplio como deseemos que sea la gaza y se dobla el chicote junto al firme, quedando así tres pasadas juntas. Luego, con el chicote se van trincando hacia arriba las tres pasadas, tres o cuatro veces, hasta llegar cerca del seno del chicote doblado, por donde se introduce éste (figura 3-A). Se azoca tirando del seno en dirección contraria al firme y cerca del nudo, hasta que el chicote queda bien trincado.

## NUDO DE CAPUCHINO

Este nudo se utiliza para rematar chicotes en cabos de poca mena, para impedir que el firme, o algo sujeto a él, se desplace por algún o de algún lado indeseadamente y su nombre, quizá, provenga de ser utilizado para fabricar «rosarios» en sustitución de las cuentas. Se inicia como una malla, aunque posteriormente el chicote se introduce varias veces por el seno. Hay que azocarlo cuidando que el seno quede dentro de las vueltas (lámina 14, figura 1-A y B).

## NUDO DE LASCA (O DE OCHO)

Se utiliza para rematar chicotes de poca mena y es base para otros nudos, alguno de los cuales ya se han visto. En la figura 2 de la lámina 14 puede verse a punto para ser azocado y su realización no ofrece dificultad fijándose en el dibujo.

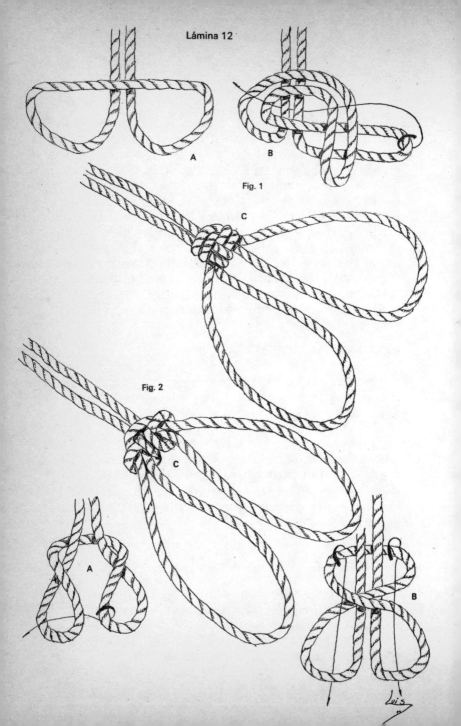

Lámina 12

A          B

Fig. 1

C

Fig. 2

C

A          B

Lámina 13

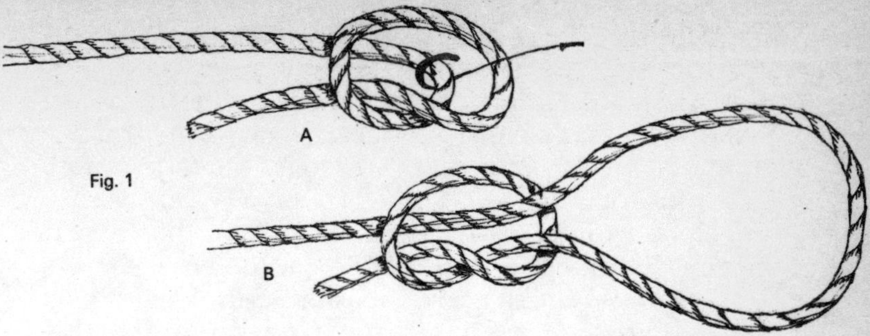

Fig. 1

A

B

Fig. 2

Fig. 3

A

B

Luis

## NUDOS DE MARGARITA

El Margarita se utiliza para acortar la longitud de un cabo provisional o temporalmente, y también para defender con urgencia la parte de un firme que haya sufrido daño y se tema puede romper. En la lámina 14 pueden verse algunos ejemplos. La figura 3 muestra el Margarita más simple y rápido de hacer. Como se ve, basta con formar dos pliegues tan amplios como se desee, en el firme del cabo, y trincarlos con dos cocas hechas con el mismo firme. Los senos de los pliegues deben salir lo suficiente para que al azocar no se zafen, pero también puede tomarse la solución de la figura 4, en la que las cocas se han sustituido por dos Galeras (que, posteriormente, describiremos en las Vueltas), lo cual le dará mayor seguridad o, también, tal como se muestra en la figura 5, trabando con dos bureles (trozos de madera dura y redondeada) los senos al firme, solución marinera bastante frecuente. Si los chicotes no están hechos firmes, otras soluciones son las ofrecidas en las figuras 6 y 7. En la primera, puede verse cómo los chicotes se han introducido arrastrando, lógicamente, al firme por los senos de las cocas, lo cual imposibilita que se zafen. En la 7, se han utilizado dos mallas en forma ingeniosa para el mismo fin. Como puede observarse en los dibujos, los pliegues pueden quedar paralelos o cruzados, según se decida el sentido de las trincas de los mismos.

## VUELTA DE BALLESTRINQUE

(Lámina 15, figura 1). Esta vuelta se utiliza para hacer firme un cabo, especialmente si no va a sufrir socollazos o si la tracción va a ser de ambos chicotes a la vez. Se comienza dando una vuelta alrededor del objeto a donde se asegura, mordiéndolo por encima y dando una segunda vuelta que de nuevo es mordida al pasar el chicote por debajo (figura 1-A). También puede hacerse haciendo en el firme dos cocas sobrepuestas (como en la lámina 19, figura 1-A) y pasando por su interior el objeto donde se asegura. La figura 1-B muestra la vuelta ya azocada.

## VUELTA DE ARTILLERO

Esta vuelta es una forma de asegurar la de Ballestrinque. Una vez realizado el Ballestrinque, se cruzan los firmes, pasando uno por encima del otro y el segundo por el interior del primero (figura 3-A), cuidando que los firmes salgan paralelos a la vuelta que muerde para que al azocar quede más estético, como en 3-B.

## VUELTA DE BALLESTRINQUE DOBLE

Más segura que la anterior, permite hacerlo aunque esté cobrado el seno, ya que se muerde la primera vuelta dos veces y, mientras se hala, se da la segunda por debajo sin que se desazoque la primera. La figura 2-A muestra la vuelta en detalle y la 2-B la vuelta azocada.

## VUELTA DE ARGANEO (O ANCLA)

Esta vuelta está formada por otras dos básicas. En primer lugar, se realiza una *Vuelta Mordida* dando dos vueltas alrededor del objeto en que se va a asegurar, vueltas que, posteriormente, muerden al chicote, que se introduce por debajo de ellas. Después, el chicote se asegura a su propio firme con Dos Cotes (vuelta que se explicará después). Esta vuelta aguanta muy bien los socollazos y defiende al cabo del desgaste con sus dos vueltas al objeto, donde se asegura (lámina 15, figura 4).

Lámina 14

Fig. 1

A

Fig. 2

B

Fig. 3

Fig. 4

Fig. 5

Fig. 6

Fig. 7

## VUELTA DE BRAZA (O VUELTA DE LEÑADOR)

Es una vuelta muy práctica para hacer de forma rápida firme un cabo. Cuanto más se hala del cabo, más se azoca la vuelta y, sin embargo, es muy fácil de deshacer. Se comienza pasando el cabo alrededor del objeto y después por encima o por debajo de su firme, dando dos o tres vueltas con el chicote por encima y por debajo del seno que abraza, quedando así mordido (figura 1 de la lámina 16). Su segundo nombre proviene de su utilidad para suspender o arrastrar brazadas de leña fina.

## PRESILLA DE ALONDRA

(Lámina 16, figura 2). Esta vuelta puede realizarse de dos formas: bien abrazando el objeto, pasando el chicote sobre el firme y, de nuevo, tras el objeto para terminar introduciendo el chicote por su propia gaza y azocando, bien con la cuerda en doble, abrazando el objeto e introduciendo los dos chicotes por su seno. De esta última forma, puede realizarse la vuelta incluso con cabos que forman gaza.

## VUELTA DE DOS COTES

La figura 3 de la lámina 16 muestra cómo hacer esta práctica vuelta que no ofrece mayores problemas: se pasa el cabo alrededor del objeto donde se va a asegurar y se realizan dos cotes consecutivos sobre su propio firme, quedando como un ballestrinque sobre el firme (y no como una presilla de alondra sobre el firme). Otra variante es la que se puede ver en la figura 4 de la misma lámina, en la que el cabo ha dado dos vueltas alrededor del objeto donde se asegura antes de dar los dos cotes. Así, aguanta mejor los socollazos.

## VUELTA CON COTE ATRAS

Esta vuelta, que está basada en el mismo principio que los Prusik; puede utilizarse como un tensor de rápida realización y bastante efectividad (lámina 16, figura 5). Se comienza como una vuelta de dos cotes, pero después de dar el primero se lleva el chicote hacia atrás y sobre el firme antes de dar el segundo cote, pudiendo dar un tercero después de tensar el cabo.

## GALERA

El principal uso de esta vuelta es la construcción de escalas (lámina 17, figura 1). Se inicia como si fuera a hacerse una malla en el firme del cabo, pero no se pasa el chicote por el centro, sino que se introduce el peldaño entre las dos partes del seno y el firme, como se muestra en A, y así sucesivamente con el resto de los peldaños y con dos cabos paralelos, lógicamente. Hay que poner atención en hacer todos los Galera en el mismo sentido, ya que la fuerza sólo puede soportarla en una dirección, que es precisamente la que muestra el dibujo. Si se diera la vuelta a la escala (o se hiciera alguna Galera al revés), al apoyarse en los peldaños, las galeras se desharían con el consiguiente peligro.

Su nombre parece que proviene de ser la vuelta que se utilizaba para unir las coces de los diferentes remos de las antiguas galeras, a fin de que todos los remeros bogaran a la vez.

## DOBLE GALERA

Esta ingeniosa vuelta permite, por su simetría, que sea indiferente el sentido de la fuerza, aunque utiliza algo más de cabo que el Galera (lámina 17, figura 2). Se comienza como en A, dando dos

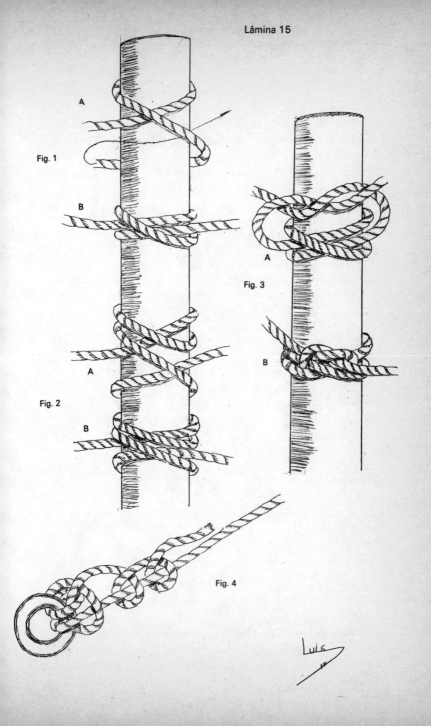

Lámina 15

Fig. 1

A

B

Fig. 2

A

B

Fig. 3

A

B

Fig. 4

Luis

Lámina 16

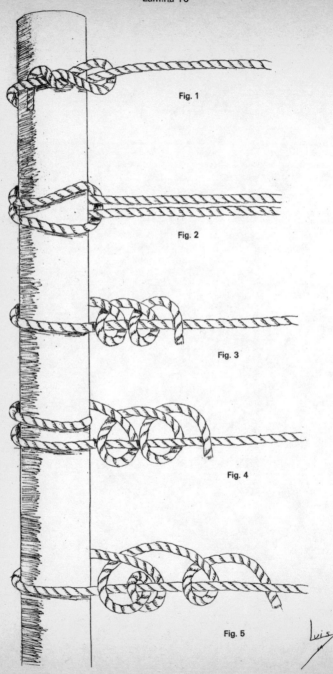

Fig. 1

Fig. 2

Fig. 3

Fig. 4

Fig. 5

Luis

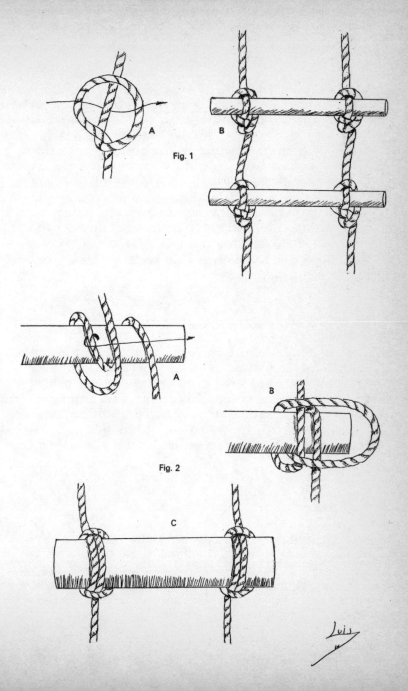

Fig. 1

Fig. 2

vueltas al peldaño y disponiendo el firme entre ambas, para pasar la primera vuelta (B) por encima de él, de la segunda y del extremo del peldaño antes de azocar (C).

## VUELTA DE LASCA

(Lámina 18, figura 1). Como puede verse en la figura, es una vuelta de muy rápida realización para asegurar en ganchos y similares. Básicamente, es un nudo de Ocho con esta aplicación especial. La figura 2 de la misma lámina muestra la *Vuelta de Escota*, que puede utilizarse tanto para asegurar en ganchos como en argollas cerradas. Se realiza como el Nudo de Tejedor, en el que el cabo grueso ha sido sustituido por la argolla o el gancho y, como en él, también puede hacerse doble para mayor seguridad.

## BOCA DE LOBO

(Lámina 18, figura 3). Esta vuelta sustituye con ventaja al Lasca cuando de fuerza se trata, y también para asegurar cabos en doble. Se realiza tomando el firme con ambas manos y dejando caer entre ellas un seno. Luego se giran en direcciones contrarias dos o tres veces (A), formando así dos gazas que se introducen en el gancho y se azocan (B).

## EVADIDO

Las vueltas de este nombre tienen como misión el poder hacer firme un cabo para descender o similar y poder luego deshacerlas desde abajo y recuperar el cabo. La que más suele representarse (quizá por ser la más «espectacular») la hemos probado varias veces y en verdad resulta muy peligrosa, pues el menor escollazo la deshace, por lo que recomendamos utilizar la que mostramos en la figura 4 de la lámina 18, que es completamente segura. En el centro del firme se hace, con el cabo en doble, un nudo de ocho, y por la gaza así formada se introduce uno de los chicotes después de pasar su firme alrededor del objeto donde se asegura. Se desciende o se hace la fuerza, siempre de esta parte del cabo y nunca de la otra, que es precisamente la que permite soltar la vuelta y recuperar el cabo tirando de ella, una vez se ha descendido.

## VUELTA DE MANIOBRA

(Lámina 18, figura 5). Esta vuelta se utiliza para fijar cabos (normalmente drizas) a cornamusas o similares. Se comienza pasando la driza por debajo de la parte inferior de la cornamusa y después por debajo, pero en sentido contrario (A) y sujetando, para hacer una aduja mordida que asegura en la parte superior (B). Si resta chicote, pueden darse más vueltas mordiendo siempre en forma de ocho y arriba y abajo, sucesivamente.

## VUELTA DE TREBOL

Esta vuelta se utiliza para encapillar mástiles y deja tres gazas donde afirmar los vientos (lám. 19, fig. B). Se comienza haciendo dos cocas que se cruzan, introduciendo el seno de la primera a través del de la segunda y viceversa, tal como se indica en A. Por el centro se encapilla el mástil hasta el lugar deseado y se azoca, cuidando que las dos gazas sean, aproximadamente, de las mismas dimensiones. Con los chicotes se forma la tercera gaza, también del mismo tamaño, y se unen con un llano. A estas tres gazas se unen los vientos por medio de cualquier vuelta apropiada,

Lámina 18

Fig. 1

Fig. 2

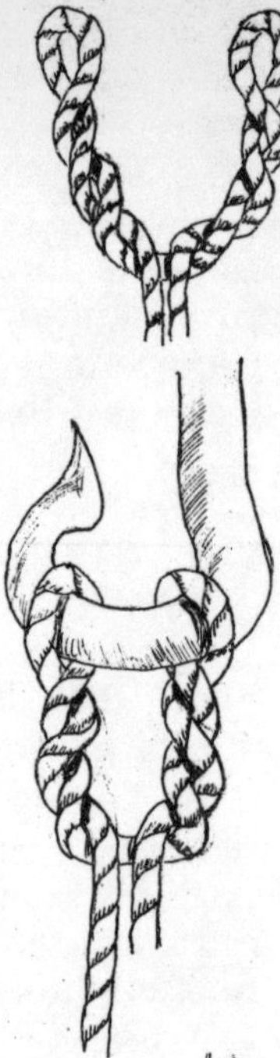

Fig. 3

A

B

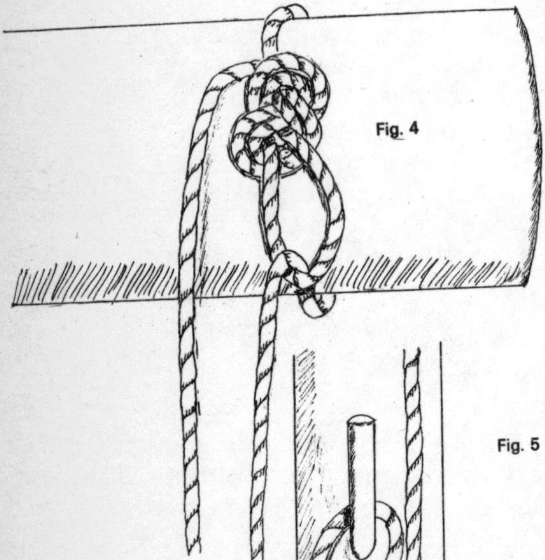

Fig. 4

Fig. 5

A

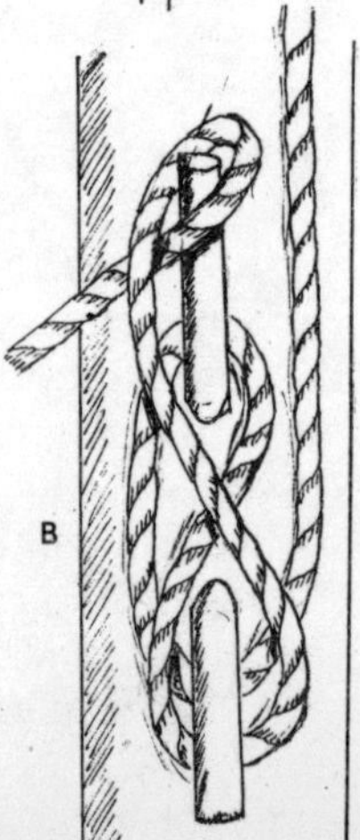

B

Luis

vientos que tendrán tensores en su otro extremo. En la figura se ha dibujado la vuelta desde arriba con una sección del mástil en su centro y con un viento anudado a una de sus gazas.

## VUELTA DE ENCAPILLADURA

En la misma lámina 19, figura 2, se muestra esta vuelta para encapillar, que deja libres cuatro gazas para afirmar los vientos. Se comienza haciendo, tal como se muestra en A, dos mallas en el firme, a una distancia conveniente una de la otra. Posteriormente, dichas mallas se cruzan una a través de la otra y viceversa, hasta dejar formadas tres gazas, aproximadamente iguales. Por el espacio que queda en el centro de las mallas entrecruzadas se introduce el mástil y se azoca. Con los chicotes se hace la cuarta gaza de iguales dimensiones que la anterior y se disponen en espacios perpendiculares, quedando listas para asegurar en ellas los cuatro vientos (lámina 19, figura 2-B). Como en la anterior, también aquí hemos dibujado la vuelta vista desde arriba, con una sección del mástil en su centro y con los chicotes sin unir para mejor comprensión.

Lámina 19

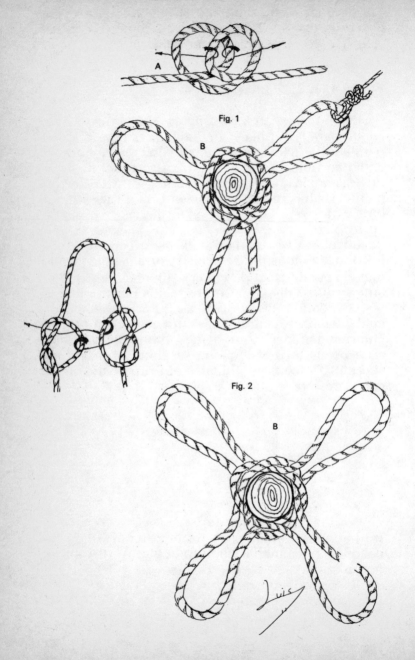

Fig. 1

Fig. 2

# CUADERNO VII

## Costuras para remates, empalmes y gazas

Llamamos costura a la labor de interligar los cordones de dos cabos, o los de uno en su propio firme, para unirlos, rematar los chicotes o hacer una gaza o un estrobo.

Las costuras sustituyen con ventaja a los nudos, cuando se trata de hacer un trabajo limpio, duradero y fiable, siendo, además, insustituibles cuando, por ejemplo, se desean unir dos cabos, sin que dicha unión suponga un aumento apreciable de la mena, porque el cabo tenga que trabajar pasando por algún aparejo o garrucha, etcétera.

Existen varias formas de realizar las costuras, y aquí expondremos las más usuales y prácticas: la simple, también llamada de piña y la larga.

### COSTURA PARA REMATAR UN CHICOTE

Se utiliza en cabos de bastante mena, aunque no hay inconveniente en hacerla, también, en los cabos de poca mena, siempre que éstos dispongan como mínimo de tres cordones.

Es conveniente empezar haciendo una ligada con un bramante sobre el firme, a una distancia adecuada del chicote, distancia que será tanto mayor cuanto mayor sea la mena del cabo. Cuando se tiene algo de práctica, dicha ligada es innecesaria.

El siguiente paso es descolchar los cordones hasta la mencionada ligada, y cortar el alma al ras, caso de que hubiere alma. Ahora los cordones se trenzan en la manera que indica la figra 1-A de la lámina 20, esto es, haciendo con el primer cordón un seno y pasando el segundo sobre el primero. El tercero pasa sobre el segundo y así sucesivamente, hasta que el último pasa sobre el anterior y se introduce por dentro del seno del primero. Una vez hecho esto, se azoca bien, halando de todos los chicotes sucesivamente, al tiempo que se retuercen en el sentido de su colcha para que ocupen menos lugar.

El siguiente paso es coger un cordón, pasarlo sobre el inmediatamente inferior en el firme, y bajo el segundo, y hacer la misma operación con todos los cordones, al tiempo que se hala de ellos y se siguen torciendo en el sentido de la colcha, como se indica en la figura 1-B de la misma lámina. Esta misma operación se repite dos o tres veces más y se finaliza cortando los cordones al ras de la última pasada. La última operación es cortar, si se desea, la trinca inicial y golpear la costura para que se asiente. La figura 1-C muestra el chicote ya rematado. A este remate de chicote se le llama, con frecuencia, «Piña o Cola de puerco».

## COSTURA PARA HACER UNA GAZA

Dos son las formas más usuales de hacer esta labor. La primera, que se muestra en la figura 2 de la lámina 20, es muy similar a la de remate. Se comienza, si se desea, haciendo una ligada con un bramante en el firme, en el punto hasta donde se desconchan los cordones. Después, se forma la gaza del tamaño deseado, llevando la ligada al firme y se abraza éste con los cordones, dos por cada parte si es de cuatro, dos por un lado y uno

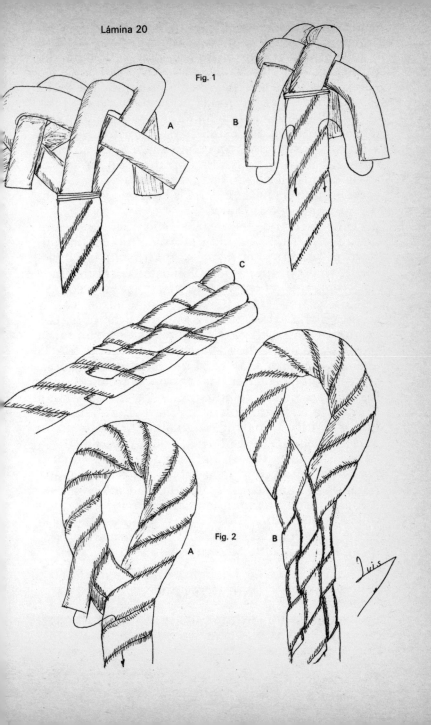

Lámina 20

Fig. 1

A

B

C

Fig. 2

A

B

Luis

por otro, si es de tres, etcétera. La operación siguiente, al igual que en el remate, es ir introduciendo los cordones bajo y sobre la colcha del firme, tres o cuatro veces, cortar los chicotes de los cabos sobrantes y golpear la costura para asentarla.

Algunas veces, en todas estas costuras simples, es difícil levantar la colcha del firme para introducir los cordones. Esto suele pasar con cabos recios y nuevos (y siempre con cables metálicos), en cuyo caso el cabuyero se ayuda con un buril, de punta roma, que va abriendo camino al cordón, pues con él se levanta mejor la colcha, siempre con cuidado de no romper las filásticas.

Otra forma de coser gazas es la que se muestra en la figura 1 de la lámina 21. Se comienza haciendo una ligada en el firme a una distancia conveniente, para después descolchar los cordones hasta la misma. Si el cabo es de tres cordones, sólo se descolcha uno; si es de cuatro (como en la figura), se descolchan dos y dos, y así sucesivamente. Los cordones descolchados en pareja se cruzan en la parte superior, a la distancia conveniente de la ligada, para formar la gaza del tamaño deseado y se empiezan a colchar hacia abajo, ocupando unos los lugares vacíos dejados por ellos mismos anteriormente en el descolchado, pero ahora en sentido contrario, y los otros igualmente, pero en el lado opuesto. De esta forma, cuando se llega a la ligada, la gaza ya se ha formado y los cuatro cordones aparecen hacia abajo, sin que pueda notarse la operación realizada. Llegados a este punto, se descolchan los cuatro cordones (que estaban colchados dos a dos) y se empieza la costura tal como se describió anteriormente (figura 1-B) e igualmente se termina.


## COSTURAS PARA UNIR DOS CABOS

Esta clase de costuras también puede hacerse de muy diversas maneras y relacionamos, a continuación, las más usuales.

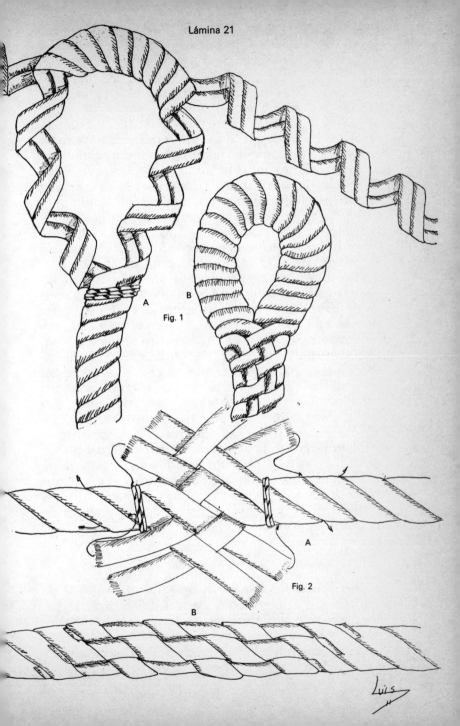

A    B

Fig. 1

A

Fig. 2

B

Luis

## COSTURA DE UNION SIMPLE

Se toman ambos cabos y se les hace una ligada en el firme a distancia conveniente de los chicotes. Después de descolchar los cordones hasta las mencionadas ligadas, se enfrentan los cabos y se entrecruzan los cordones alternativamente, tal como se muestra en la figura 2-A de la lámina 21. Ahora, si se desea y para mayor facilidad, pueden extenderse los cordones de uno de los chicotes, a lo largo del firme del otro cabo y trincarlos a éste con una ligadura, precisamente encima de la ligada que marcaba el límite del descolche. Así, ambos cabos permanecen en posición conveniente, y puede empezarse a entremeter los cordones sueltos entre los colchados del otro cabo, igual que explicábamos para el remate de chicote, sólo que ahora, en vez de entremeterse en su mismo firme, lo hacen en el firme del otro lado. Cuando se ha hecho esto, puede soltarse la ligada que unía los cordones sueltos y realizar con ellos la misma operación en el firme del otro cabo. Terminada la costura, se golpea ésta para asentar los cabos, se retuerce en el sentido de la colcha, se la somete a algún esfuerzo y, cuando estamos seguros que cada cordón ha quedado en su sitio, se corta el sobrante de los chicotes de los cordones. Lógicamente, a todo lo largo de la costura, la mena del cabo será el doble que en el resto del firme, y esto tiene importancia si debe trabajar a través de algún aparejo, ya que podría entallarse. Para evitarlo, los cabos unidos que van a tener ese uso, se cosen de la siguiente forma.

## COSTURA A LO LARGO

Este tipo de costura es bastante más difícil de explicar que de realizar. Para intentar una mejor comprensión, los dibujos de la lámina 22 los hemos hecho con los cordones cortados a medida, aunque en realidad se procede del siguiente modo:

72

Lámina 22

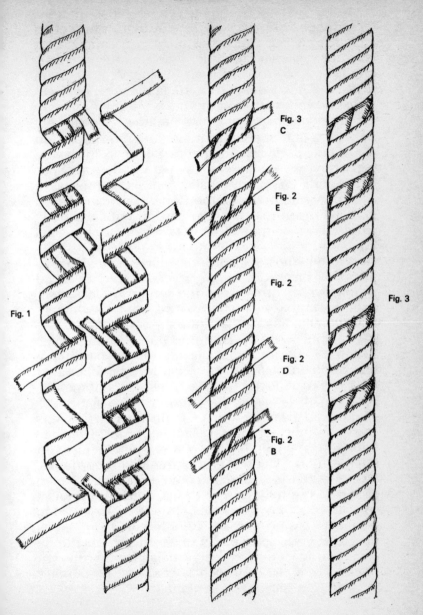

Fig. 1

Fig. 3
C

Fig. 2
E

Fig. 2

Fig. 2
D

Fig. 2
B

Fig. 3

Se toman los dos cabos y se descolchan, por ejemplo, unos 40 centímetros para cabos de unos 10 milímetros de mena, y se enfrentan como en la costura anterior. Hecho esto, se coge uno de los cordones, por ejemplo, del lado de la izquierda y empieza a descolcharse en su lugar, y así hasta llegar casi al fin del cordón de la derecha, es decir, unos 35 centímetros.

Ahora se cruza uno por encima y debajo del otro, para que queden mutuamente mordidos y en el sentido de la colcha (figura 2-B), con lo que se consigue que queden sujetos para poder proceder igual pero en el otro cabo, esto es, empezar a descolchar uno de los cordones del cabo de la derecha, mientras que otro cordón del cabo de la izquierda va ocupando su lugar hasta llegar casi al final, donde también se muerden como antes. Así, ya sólo tenemos dos cordones libres en cada cabo, pues los otros dos están ya cosidos, uno en su propio firme y otro en el firme contrario. Obviamente, entre ambas costuras existirá, aproximadamente, una distancia de 70 centímetros (2-B, 2-C).

Cualquiera de los cordones que quedan sueltos se toman ahora y se empieza a descolchar, mientras que con otro del cabo contrario se ocupa su lugar, pero sólo se llega a unos 15 centímetros, para repetir la acción de intermorderse (figura 20); y, para finalizar, se hace lo mismo con los dos cordones que quedan, hasta llegar a 2-D. Es el momento de golpear la costura, someterla a un buen esfuerzo y cortar el sobrante de los cordones. La cuerda cosida quedará como en la figura 3, esto es, apenas se notará. Si se desea, antes de cortar el sobrante de los cordones, puede dárseles una vuelta de cosido por el siguiente colchado. Así es más difícil que se zafen. El único inconveniente de esta costura es que se desperdicia algo de cabo (en nuestro caso, 80 centímetros como mínimo) tanto más, cuanto mayor sea la mena.

# CUADERNO VIII

## Amarres

Llamamos «amarre» a la trinca de dos o más piezas de madera entre sí, por medio de un cabo. Con frecuencia, para que los amarres queden seguros, previamente se efectúa en las maderas unos rebajes o ensambles, e incluso se aseguran con clavos o espigas de madera, pero eso son ya trabajos más específicos de pionerismo que de cabuyería.

Existen unas fórmulas tradicionales de amarrar, que son las que describiremos a continuación, pero otras veces, por diferentes causas (formas en que se cruzan las maderas, su número, etcétera), dichos amarres básicos no son de aplicación. Entonces, el cabuyero debe solventar la situación partiendo de las características ideales que debe reunir todo buen amarre, esto es:

— Que el amarre una las piezas con seguridad.

— Que se utilice la menos cantidad de cuerda posible.

— Que el amarre sea estético en su forma.

Observando la lógica, ingenio y precisión de los amarres clásicos, con un poco de práctica, un cabuyero saldrá airoso de cualquier situación que se presente. La mayoría de los amarres disponen, al final, de unas vueltas denominadas de freno o apriete, las cuales son fundamentales para obtener un buen azoque de la trinca, pero ello no es siempre posible, y entonces se recurre a otras soluciones, como el ensamble previo ya señalado, la cuña de madera (solución que se recoge en el amarre redondo), el uso de cabos nuevos de algodón mojados, que al secar encogen y aprietan, o a amarrar las piezas en tal posición que al forzarlas azoquen la trinca (como, por ejemplo, en el amarre de trípode).

Por lo general, es recomendable utilizar para amarrar cabos de un diámetro 20 ó 30 veces menor que el diámetro de las piezas amarradas: así las amarras pueden azocarse mejor.

Por razones económicas, es frecuente utilizar para amarrar cabos de mala calidad, principalmente pita y esparto. Siempre hay que tener en cuenta los esfuerzos a que se verán sometidas las piezas trincadas y, en relación a ello, utilizar cabos más o menos resistentes o dar a los amarres más o menos vueltas. Esto es de especial importancia en algunas construcciones, como torres de observación y puentes.

Finalizaremos estas consideraciones generales sobre los amarres con dos precisiones que quizá sorprendan al lector en razón de lo generalizadas que están las creencias contrarias.

— En primer lugar, los amarres cuadrados y diagonales no toman su nombre por la forma en que se cruzan las piezas a unir, sino por la forma de las vueltas del amarre en sí. Dicho en otras palabras, el amarre cuadrado se utiliza para unir dos piezas que tienden a «deslizarse» una de la otra y el diagonal para unir dos piezas que tienden a «separarse» una de la otra, independientemente del ángulo en que se crucen. En la figura 1 de la lámina 23 puede observarse que se recomienda utilizar amarres cuadrados en todo el perímetro del bastidor, aunque en cuatro puntos las piezas se cruzan perpendicularmente y en cuatro diagonalmente, ya que en los ocho puntos la función principal de las amarras es impedir que el bastidor

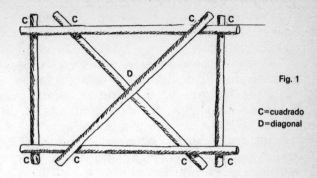

Lámina 23

Fig. 1

C=cuadrado
D=diagonal

Fig. 2

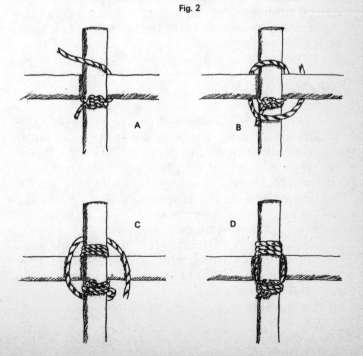

se deforme por el deslizamiento entre sí de sus piezas, mientras que en el centro recomendamos un amarre diagonal, aunque las piezas se cruzan perpendicularmente, ya que en dicho punto la función principal del amarre es «apretar» un travesaño contra el otro para dar la máxima resistencia al conjunto.

— En segundo lugar, con frecuencia se recomienda finalizar algunos amarres con una vuelta de ballestrinque y, sin embargo, cualquiera que conozca la lógica del funcionamiento de dicha vuelta, fácilmente comprenderá que es absolutamente inadecuada para tal función y que por mucho que se azoque, si sólo recibe fuerza en un sentido, tal como sería el caso si se utiliza como fin de ciertos amarres, se desazocará casi de inmediato. Para esa función existen otros nudos y vueltas más recomendables, como el llano, en ciertos casos, y como el llano necesita de dos chicotes para poder hacerse, reclama que al iniciar el amarre se ponga cuidado en usar un nudo que facilite el segundo chicote necesario. Como nudo inicial, por tanto, recomendamos en estos casos u otro llano o una vuelta de dos cotes.

## AMARRE CUADRADO

Como ya indicábamos, se utiliza para unir dos maderos, que, por las fuerzas que soportarán, tenderán a deslizarse uno del otro. Una vez presentados los maderos en su posición definitiva (lámina 23, figura 2), se hace firme el cabo en uno de ellos, por medio de un llano o de una vuelta de dos cotes. Si el llano se azoca en mal sentido, se convertirá, por sí solo, en un Dos Cotes, lo cual, lógicamente, no reviste mayor importancia. También, puede comenzarse con un ballestrinque, pero si se hace así, al final el amarre presentará una vuelta más en ese lado.

En cualquier caso, póngase atención en dejar

un chicote suficientemente largo para poder finalizar el amarre. Una vez hecho firme el cabo, éste se pasa por debajo del otro madero, como se muestra en la figura 2-A, por encima del siguiente, y así sucesivamente unas tres veces completas. Es importante observar el sentido de las vueltas y apreciar la razón de las mismas: todas tienden a apretar un madero contra otro y, al mismo tiempo, a obstaculizar su posterior desplazamiento. Terminadas las tres vueltas completas, se varía el sentido de las mismas, de forma que ahora la misma cuerda aprieta la ligadura anterior: son las vueltas de freno o azoque. Si en las primeras vueltas era importante ir azocando siempre, ahora debe ponerse especial atención en hacerlo, pues las vueltas de azoque, que pueden ser dos o tres, darán la definitiva fuerza al amarre (figura 2-C). Terminadas éstas, sólo resta unir el chicote por medio de un llano con el chicote inicial dejado al efecto (figura 2-D) y el amarre queda concluido.

## AMARRE DIAGONAL

(Lámina 24, figura 1.) Es el apropiado para unir dos piezas de madera que, por los esfuerzos a que se verán sometidas, tenderán a separarse. Se inicia abrazando a ambos maderos por el centro de la cruz, con un llano, si pueden presentarse juntos. En caso contrario (como ocurriría en el bastidor de la figura 1 de la lámina 23) es mejor comenzar con un Dos Cotes, pues así se puede ir azocando desde el primer momento. Luego se continúa dando otras dos vueltas por el mismo lugar, antes de cambiar su sentido. (Este cambio de sentido hay que hacerlo cuidando de que el cabo quede en tal posición que, posteriormente, se oculte bajo las vueltas de azoque.) Ahora se dan otras tres vueltas por los otros ángulos del cruce (figura 1-B), y es el momento de iniciar las vueltas de freno (dos o tres), antes de terminar con un llano efectuado con

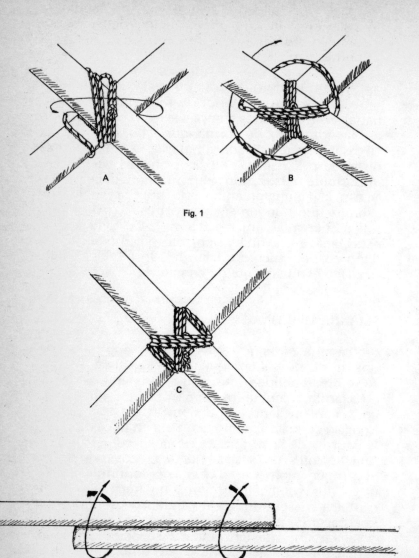

A

B

Fig. 1

C

Fig. 2

el cabo sobrante y el chicote inicial que se dejó al efecto.

En todos los amarres básicos hay que cuidar que las vueltas de un mismo sentido sean paralelas, sin cruzarse, pues sólo así los amarres quedan con el aspecto del trabajo bien hecho.

## AMARRES PARA UNIR DOS PIEZAS EN EL MISMO SENTIDO

En la lámina 24, figura 2, se muestra esquemáticamente lo siguiente: cuando se desean unir dos piezas así dispuestas, es muchísimo más práctico y seguro hacer dos pequeños amarres cerca de los extremos que uno sólo, por largo que se haga en el centro. Suponemos que las razones podemos obviarlas por lo básico de dicho concepto. Sin embargo, para mayor claridad en los dibujos, hemos optado por presentarlos con un amarre único más o menos central.

Para este trabajo existen dos amarres básicos: el redondo y el paralelo. Utilizaremos el primero, cuando las dos piezas a unir hagan buen contacto entre sí, frecuentemente por haber efectuado un rebaje previo, e incluso ensamble completo.

El amarre paralelo se utilizará preferentemente cuando las piezas no hacen buen contacto entre sí.

## AMARRE REDONDO

(Lámina 25, figura 1.) Una vez presentadas las piezas, se toma el cabo y se extiende con un seno, algo más largo que la longitud que pensemos dar al amarre en sí. Hecho esto, se pasa el firme sobre el chicote y se sigue envolviendo y azocando, como se muestra en la figura 1-A y 1-B. Cuando se han dado las vueltas que se consideren suficientes, se pasa el chicote por el extremo del seno, que ahora asomará a modo de gaza, y se hala del chicote

Lámina 25

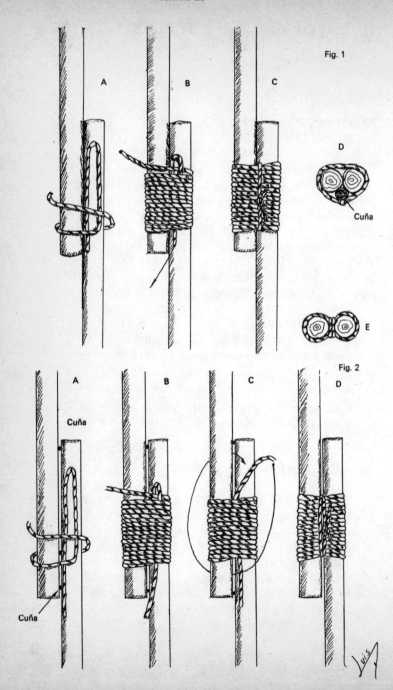

Fig. 1

A     B     C

D

Cuña

E

Fig. 2

A     B     C     D

Cuña

Cuña

inicial, de forma que se introduzca dicha gaza y parte del firme bajo las vueltas del amarre. Sin azocar demasiado para no deformar el amarre, se unen ambos chicotes por encima con un llano, figura 2-C. Como al estar las piezas muy juntas no hay forma de dar vueltas de azoque, el problema se solucionará introduciendo una cuña redonda con un mazo, entre el amarre y las piezas a todo lo largo. El forzar las vueltas con un mayor volumen interior da mucha fuerza al amarre.

## AMARRE PARALELO

La ejecución es muy similar al anterior, pero fíjese el lector en la figura 2-A de la misma lámina, donde hemos introducido dos pequeñas cuñas de madera, para dejar un espacio entre ambas piezas. Estas cuñas no son siempre necesarias, ya que a veces las propias rugosidades y nudos de las piezas dejan al enfrentarlas suficiente hueco. En cualquier caso, el amarre se efectúa siguiendo las pautas del redondo hasta introducir parte del firme bajo las vueltas del amarre. Hecho esto, se introduce el cabo sobrante entre ambas piezas, y se dan dos o tres vueltas de freno azocando mucho, para terminar uniendo los chicotes con un llano.

## AMARRE DE TRIPODES (lámina 26, figura 1)

Este amarre se utiliza, como el nombre indica, para hacer trípodes, cuando las patas de éstos van a poderse hundir parcialmente en el terreno. Se inicia tendiendo en el suelo las tres patas, dos paralelas y separadas y la tercera también paralela, pero en sentido contrario y entre las dos primeras, como se indica en 1-A.

Hecho esto, se anuda un chicote del cabo en una de las patas exteriores, y *sin azocar*, se tejen

Lámina 26

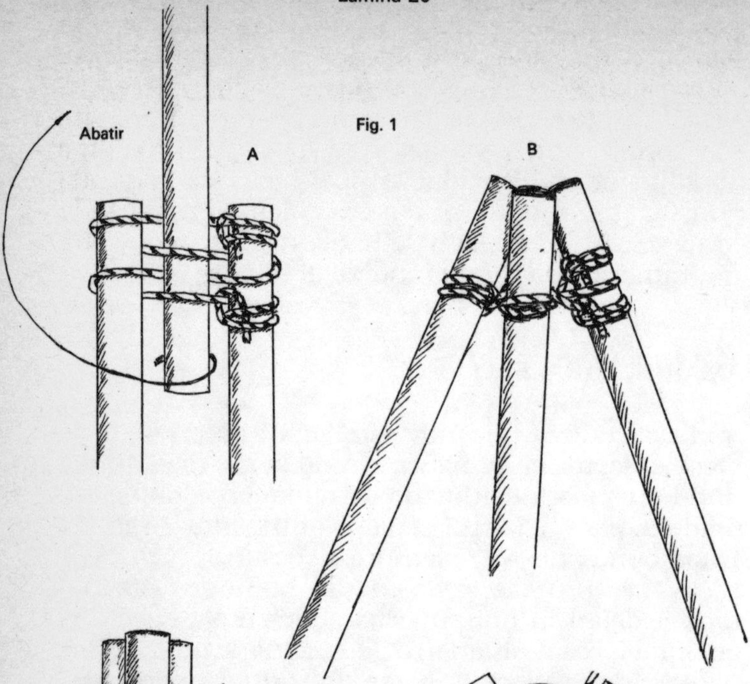

Abatir

A

Fig. 1

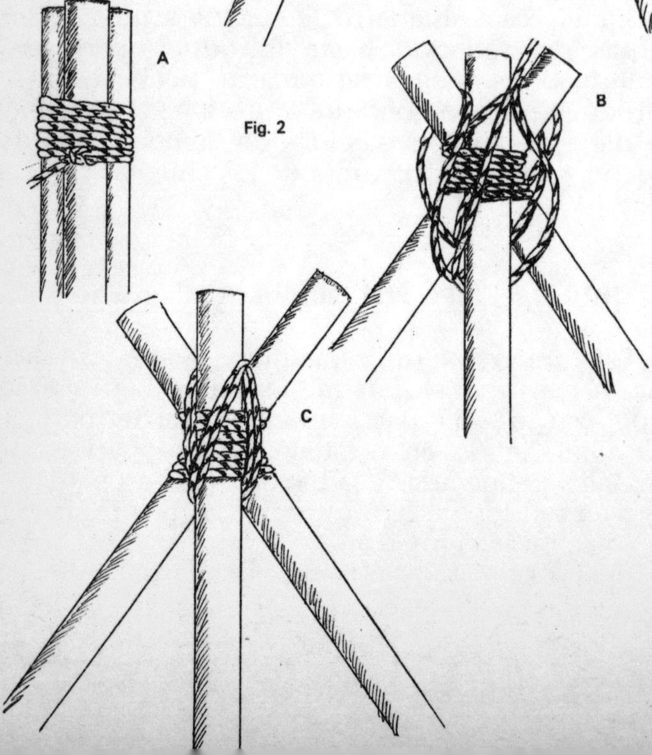

B

A

Fig. 2

B

C

tres vueltas en la manera que se señala en la misma figura 1-A, para terminar haciendo firme el otro chicote en la misma pata inicial con la vuelta apropiada (en nuestro caso hemos utilizado una vuelta mordida).

Al elevar la cabeza del trípode, la pata central se abate, retorciendo el cabo, y quedando muy seguro el amarre una vez que las patas se afirman en el terreno.

## AMARRE DE CABEZA DE CABESTRANTE

Este amarre se utiliza cuando el trípode va a ser utilizado en terrenos duros que no permiten que las patas se hundan en él, o cuando por el uso al que va a ser destinado, debe ser transportado de un lugar a otro varias veces. En otras palabras, este amarre es seguro y firme por sí mismo, mientras que el amarre de trípode anterior, lo es en razón del sustento de las patas en el terreno.

Se inicia disponiendo las tres patas juntas verticalmente (lámina 26, figura 2-A) y pasando el cabo varias veces alrededor sin azocar demasiado, sujetando la primera vuelta con un llano sobre su firme y dejando un chicote suficientemente largo. Después se abren las patas a su posición definitiva (figura 2-B) y con el cabo se dan un par de pasadas muy azocadas en la forma que indica la misma figura, esto es: que el cabo tire hacia arriba de las patas (que tienden a cerrarse a efectos de las primeras vueltas que dimos) asegurando siempre el azoque en la parte superior de la pata de al lado, lo cual contribuye también a asegurar esa otra pata. Cuando el amarre esté firme, se finaliza uniendo el chicote sobrante con el chicote inicial por medio de un llano.

# AMARRE EN ANGULO (lámina 26)

Este amarre se utiliza normalmente para asegurar dos travesaños en ángulo a un pie firme, lo cual es bastante frecuente en torres y otras construcciones similares. Presentadas las piezas en su posición definitiva, se abrazan las tres con la trinca en la forma que se muestra en la figura A, asegurando la primera vuelta con un llano sobre su firme, y dando las demás muy azocadas (figura B). Una vez que se han dado tres o más vueltas, se lleva el cabo entre los travesaños y el palo firme, y se dan otras dos o tres vueltas de azoque muy apretadas, terminando con un llano aprovechando el chicote inicial (figura C). En la figura D se muestra el amarre por su parte posterior, siendo capital el detalle de las vueltas de azoque, que sólo aprietan a la trinca sin tomar ninguna de las maderas.

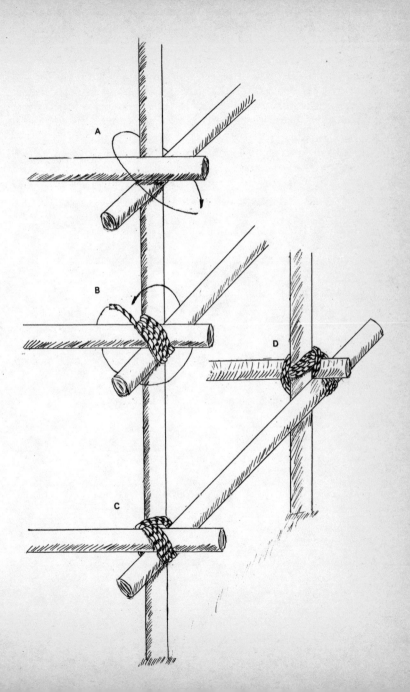

# CUADERNO IX

## Algunos trucos y otras labores

Vamos a recoger en este último cuaderno algunas labores y trabajos propios de cabuyeros, que no hemos sido capaces de clasificar en los anteriores, así como algunos trucos, que más bien son recursos que la cabuyería ofrece, y que debemos conocer y perfeccionar.

Y empezaremos con los tensores. Son muchas las ocasiones en que deberemos tender y tensar cabos, o bien emplearlos en levantar o arrastrar pesos de cierta consideración. Para ello utilizamos diversos artilugios muy simples pero efectivos. No olvidemos, sin embargo, que el mercado ofrece diversos mecanismos muy ligeros, como «shunts», ascendedores, poleas de fibra, etc., que se utilizan como tensores, recuperadores y aparejos para trabajos muy específicos, pero que describirlos y explicar sus distintos usos se saldría de los objetivos de este manual.

El tensor más simple quizá sea el que ya describimos con el nombre de Vuelta con cote atrás, pero cuando deseamos multiplicar la fuerza que aplicamos, tendremos que utilizar una mezcla de tensor-aparejo similar a alguno de los que a continuación describimos.

# NUDO TENSOR (lámina 28, figura 1)

Está basado en el principio de la polea doble y, por tanto, multiplica la fuerza que aplicamos por dos (si despreciamos las pérdidas del roce o fuerzas pasivas que aquí son bastante considerables). Se comienza haciendo dos mallas en el firme del viento, antes de pasarlo alrededor de un buen anclaje e introducir el chicote por dentro de ambas; primero, por la más lejana al enganche, y después, por la otra (figuras 1-A y B). El ingenio del artilugio lo hace digno de un estudio más detenido: la primera malla efectúa funciones de polea, mientras que la segunda se limita a impedir el posible retroceso. El anclaje hace al mismo tiempo de anclaje y de polea. Cuando halamos del chicote, ambas poleas entran en acción multiplicando la fuerza aplicada como si del anclaje estuviera tirando otro compañero, al tiempo que las mallas se azocan impidiendo el retroceso del viento cuando dejamos de halar (figura 1-B) (pero absorbiendo también parte de nuestra fuerza), de tal forma, que por cada metro de cabo que recuperamos, cobramos medio metro de viento, lo cual evidencia el uso de una desmultiplicación. Cuando se aplica mucha fuerza, las mallas se azocan también mucho y el artilugio es difícil de deshacer.


## AS DE GUIA TENSOR

Si el anterior tensor es ingenioso, éste le supera. Multiplica por cuatro la fuerza aplicada y se tensa y se destensa con gran facilidad. Sin embargo, dado la gran cantidad de cabo que utiliza y su forma de trabajo, requiere que sea aplicado entre el anclaje y el viento, sin que forme parte de éste. Para evitar roces en lo posible, es conveniente que el chicote del viento termine en una anilla o mosquetón y que igualmente se disponga de una anilla o similar en el anclaje. La mena del tensor

Lámina 28

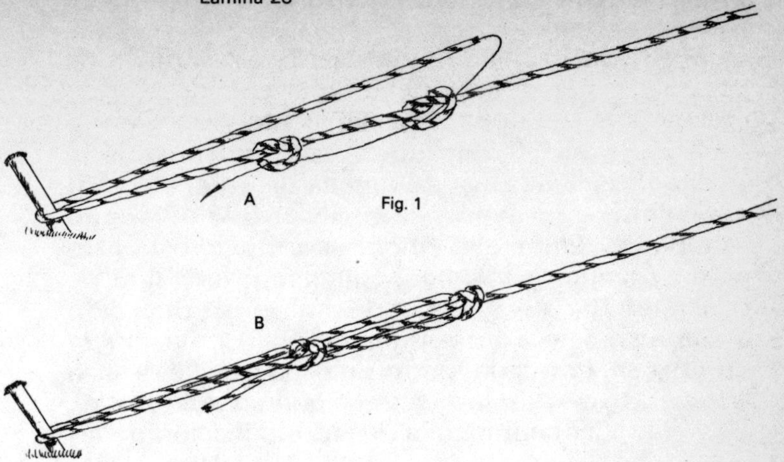

Fig. 1

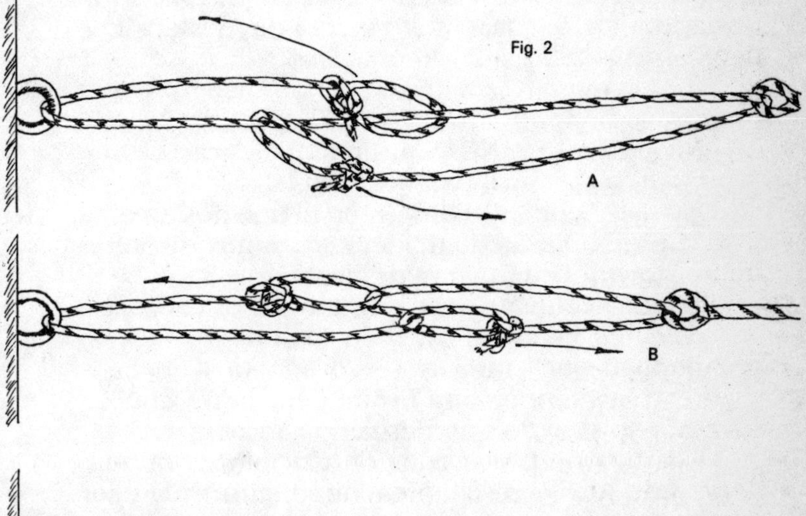

A

B

Fig. 2

A

B

C

puede ser bastante menor que la del viento, ya que trabaja en doble.

Se inicia haciendo una gaza —con un as de guía— en un chicote del cabo, pasando el otro chicote a través de la gaza del viento y por dentro de la gaza inicial, para introducirlo a través de la gaza del anclaje y hacer otro as de guía sobre su firme entre el primer as de guía y la gaza del viento (lámina 28, figura 2-A). Ahora el artilugio está listo para funcionar, y sólo habrá que empezar a tirar de cualquiera de sus gazas (o de ambas) en dirección a sus respectivos firmes (figura 2-B). Como puede observarse, por cada metro de cabo que se desliza a través de dos de las gazas se cobran sólo 25 cm. de viento, lo que indica la desmultiplicación de las fuerzas aplicadas.

A pesar de las tensiones que se consiguen aplicar, su mecanismo de acción permite que actuando en forma contraria pueda destensarse también gradual y suavemente.


## TORNIQUETE ESPAÑOL (lámina 29, figura 1)

Con este sencillo artilugio, en el que nos auxiliamos con dos piezas de madera, logramos disponer de un «torno» primitivo pero efectivo.

En primer lugar, debemos tender el cabo con sus chicotes hechos firmes en los objetos correspondientes, que pueden ser desde dos anclajes seguros para tender una tirolina, hasta un anclaje y un objeto pesado que deseamos arrastrar.

Debemos de proveernos de dos piezas de madera, redondas y resistentes, de longitud y grosor adecuados al uso que vayamos a dar al «torniquete», piezas que colocaremos en el cabo de la manera que mostramos en la figura 1, esto es, en cruz, con la pieza «x» que hará de eje y con la pieza «y» que hará de brazo de palanca. La pieza «x» se sujetará firmemente en sentido transversal al cabo, y empezaremos a girar la pieza «y», tal como se

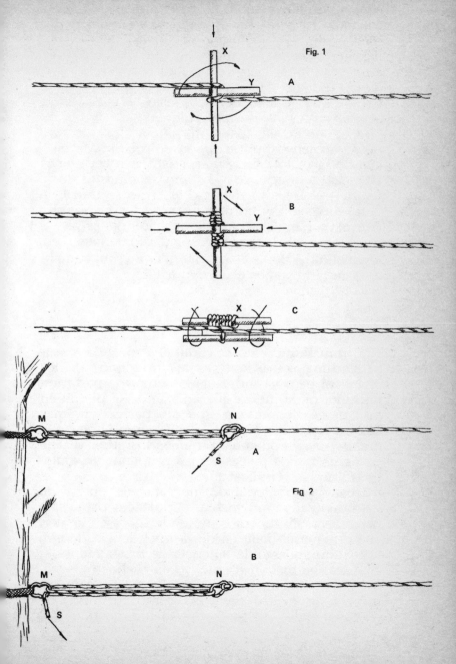

Fig. 1

Fig 2

indica en la ilustración, con lo cual el cabo comenzará a enrollarse sobre el eje con el consiguiente efecto de tracción. Hay que tener en cuenta, que, a medida que se va cobrando cabo, éste se va enrollando hacia los extremos de «x» y, por tanto, aumentando el brazo de palanca contrario a la fuerza que ejercemos en «x», por lo que recomendamos que el seno del cabo esté cobrado, en lo posible, antes de usar el torniquete.

Cuando los efectos del torniquete han alcanzado sus objetivos, pudiera convenirnos seguir ejerciendo la misma fuerza, en cuyo caso llevaremos la pieza «x» hacia la «y», como se muestra en la figura 1-B. De esta manera, el firme se cruza en igual dirección, y la fuerza que recibe en sentido contrario apenas afecta a la posición de las piezas de madera, por lo que éstas quedarán perfectamente aseguradas con sólo ligarlas al firme someramente, como indicamos en la figura 1-C.


## APAREJOS

Tanto el nudo tensor como el as de guía tensor son artilugios basados en los principios de los aparejos, pero ya indicábamos que una parte importante de la fuerza que aplicamos se pierde en lo que se denominan «fuerzas pasivas» o, más llanamente, en roces. Es fácil comprender que dichos roces podemos minimizarlos si en vez de gazas usáramos poleas o más propiamente motones. También indicábamos la existencia, en el mercado de material de montaña, de poleas de aluminio y fibra muy ligeras e indicadas para estos usos, pero no podemos pretender que se cuenten como material habitual de la intendencia de aire libre. Sin embargo, la tenencia de mosquetones sí es cada día más frecuente, y con dichos mosquetones podemos llegar a una solución de compromiso entre el uso de gazas como sustitutos de poleas y el de motones propiamente dicho.

Simplemente con dos mosquetones (preferiblemente, de acero como material y de pera como forma) podemos montar aparejos muy diversos tal como explicaremos a continuación (lámina 29, figura 2). Una vez tendido el cabo, la primera operación es fijar uno de los mosquetones (M) a un buen punto de anclaje con la ayuda, en este caso, de un cinta de perlón, y el otro (N), al firme del cabo, en este caso con la ayuda de una galera. Hecho esto, pasamos el chicote (que cuando cumple este cometido se denomina «socaire»), primero, por el mosquetón M y, después, por el N. Al halar del socaire S, por ejemplo, un metro, N se desplazará hacia M medio metro, y tal desmultiplicación nos indica que la fuerza que aplicamos se multiplica por dos (sin contar con las resistencias pasivas que aquí son mucho menores). A este tipo de aparejo se le denomina palanquín. Si con la misma disposición anterior tomamos el socaire o el chicote S y lo introducimos de nuevo por el mosquetón M, al halar comprobaremos que por cada metro cobrado de guarne (a partir del cabo comprendido entre los dos mosquetones) acercamos el mosquetón N al M sólo 1/3 de metro, es decir, que estamos multiplicando la fuerza aplicada por tres. A este tipo de aparejo se le denomina de combés. Y podríamos proseguir introduciendo el socaire por N de nuevo y aumentaríamos la desmultiplicación, pero también iríamos aumentando significativamente las fuerzas pasivas.

Como aplicación práctica del uso de aparejos, veamos la forma de montar una tirolina (lámina 30).

La primera previsión es buscar dos puntos de anclaje adecuados, en nuestro caso, los árboles F y E. Si el punto de partida es el árbol F, haremos firme en él la cuerda a altura conveniente con una vuelta adecuada, esto es, que por mucho azoque que reciba, pueda, posteriormente, deshacerse con facilidad y que la cuerda sufra lo menos posible en su roce con la corteza. Hemos elegido como idónea una vuelta mordida, como en A. Luego tende-

Lámina 30

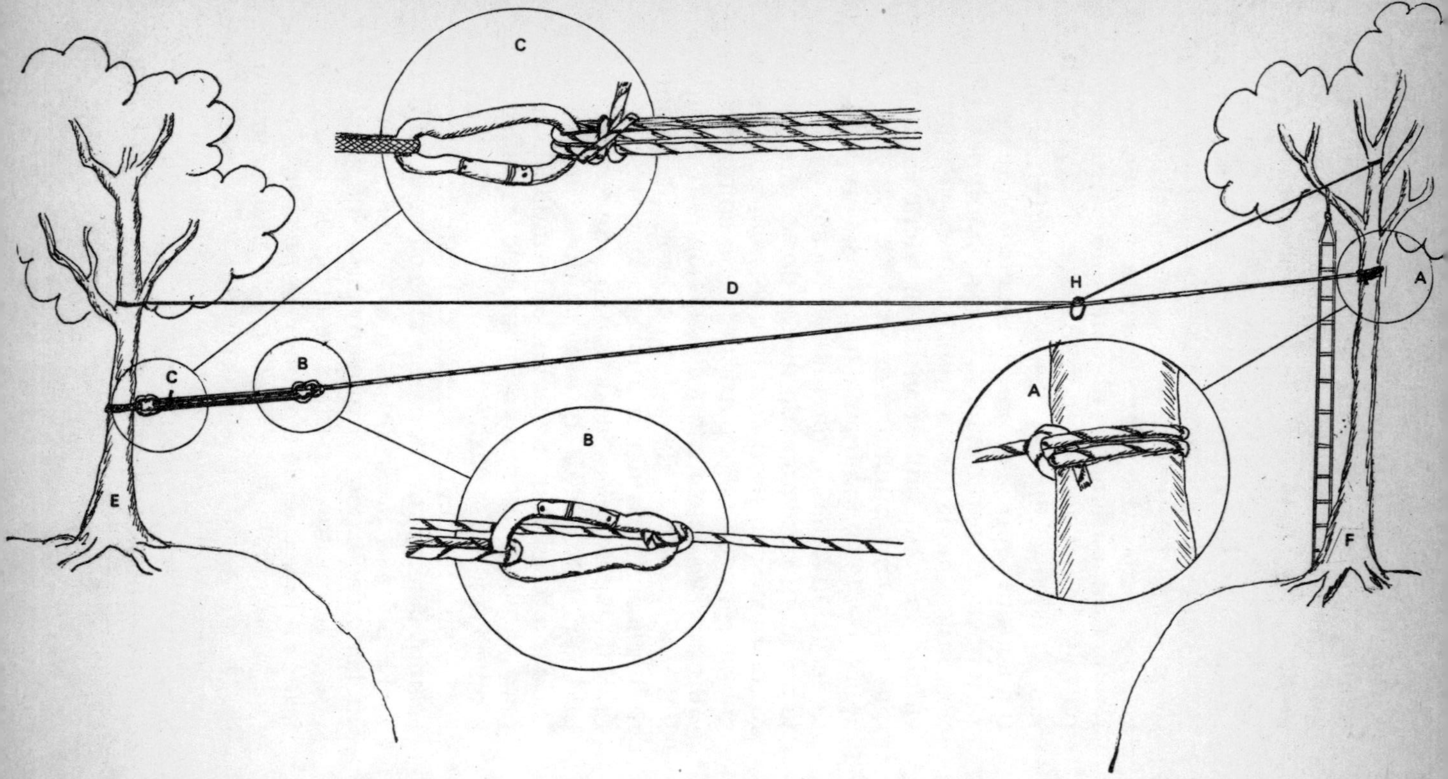

mos la cuerda y fijamos en su firme el mosquetón S con el auxilio de una galera (ojo de hacerlo en su sentido correcto). En el anclaje E fijamos el mosquetón C con un cordino auxiliar o con una cinta plana y a menor altura que el anclaje A. Esto es importante para minimizar la inevitable «flecha» que se formará cuando carguemos la tirolina con peso (se llama flecha al seno que se toma la tirolina por efecto de la carga). Ni que decir tiene que la cuerda a utilizar será estática, esto es, con el menor índice posible de alargamiento. Para tensar, pasamos el socaire por C y por B, respectivamente, y ya disponemos de un palanquín que será suficiente para tensar debidamente una tirolina de unos 30 metros contando con la fuerza de tres personas. (Ojo: no utilizar cuerdas estáticas de espeleología de diámetro inferior a los 10 milímetros.) Cuando la tirolina ha recibido la tensión suficiente como para que la flecha máxima bajo carga no supere por abajo el anclaje E, aseguramos el guarne con un dos cotes como en C. Como medida de seguridad, para evitar caídas peligrosas ocasionadas incluso por la rotura de la tirolina (la estática de 10 milímetros soporta carga de más de 2.000 kilogramos), podemos tender por arriba de la tirolina una cuerda auxiliar dinámica de cinco o seis milímetros (D) con algo de seno y pasar un mosquetón (H) que abrace tanto a dicha cuerda auxiliar como a la tirolina. A dicho mosquetón aseguraremos el braguero de los que van cruzando, que se verán así libres de cualquier percance serio. Resulta obvio que tendremos que disponer de un acceso a la tirolina por F (en nuestro caso, una escala) y de un cordino auxiliar de tres milímetros con el firme al mosquetón H, para poder recuperarlo desde ambos anclajes, en caso necesario.

## NUDOS DE PRUSIK

Bajo este encabezamiento vamos a explicar el

funcionamiento de dos «artilugios» que se utilizan para fijar un cordino en el firme de otra cuerda más gruesa, de modo que pueda deslizarse con cierta facilidad en un sentido y no en otro. Ambos artilugios son debidos al ingenio del doctor Prusik, famoso alpinista. Pero quizá antes de comenzar a explicar cómo se hacen y cómo funcionan, deberíamos explicar para qué usarlos: descender de una u otra manera por una cuerda no es un trabajo demasiado difícil, pero trepar por cuerdas de poca mena es otro cantar. Hoy hay unos aparatos llamados trepadores y ascensores que cumplen bien dicha misión, pero hasta su aparición se utilizaba en escalada este curioso ingenio: los prusik. Dos cordones auxiliares se fijan por medio de un prusik a la cuerda a distancia conveniente uno del otro y por el otro extremo terminan en sendas gazas. Por una de las gazas se introduce un pie y la otra se fija al braguero. Los prusik quedan, el del braguero a la altura del pecho, y el del pie a la altura de la cara. Se comienza por reposar el peso del cuerpo en el braguero, con lo cual el prusik del pecho recibe tensión, pero no se desliza hacia abajo, mientras que el prusik superior se arrastra con la mano hacia arriba al tiempo que se levanta la rodilla del pie que pasa por la gaza. Hecho esto, se soporta el peso del cuerpo en dicho pie, con lo cual puede deslizarse el prusik del pecho hacia arriba. Vuelve a dejarse reposar el peso del cuerpo en el braguero y se inicia un nuevo movimiento ascendente del prusik superior, con lo cual vamos progresando sin excesivas dificultades. Existen otras técnicas para trepar con prusik y otras multiples aplicaciones de dicho artilugio que, a buen seguro, irá descubriendo el cabuyero. ¿Cómo funciona? Obsérvese la figura 1 de la lámina 31. En ella representamos un tensor clásico de aluminio, del viento de una tienda. Si tiramos del tensor hacia arriba como en 1-A, éste se desliza por el firme sin mayores dificultades, pero cuando lo soltamos, el chicote ejerce fuerza

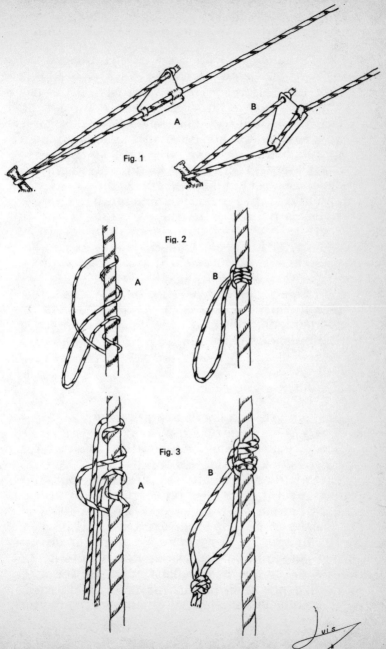

Lámina 31

Fig. 1

A

B

Fig. 2

A

B

Fig. 3

A

B

en tal sentido que el firme del viento se dobla, con lo cual impide que el tensor se deslice hacia atrás (figura 1-B). Pues de igual forma actúan los prusik, sino que sustituyendo el tensor metálico por unas vueltas especialmente dadas.

La figura 2 de la misma lámina representa el prusik propiamente dicho. Se inicia como una presilla de Alondra, pero con una vuelta más por el interior. Una vez azocado queda como en 2B. Cogiendo las vueltas con la mano puede deslizarse hacia arriba o hacia abajo con cierta facilidad, pero cuando la fuerza se ejerce en la gaza, las vueltas se azocan sobre el firme de la cuerda y por su especial disposición fija a ella el cordino.

Cuando la diferencia de mena entre el cordino y la cuerda no es demasiada, o cuando la cuerda y el cordino están mojados o embarrados, el prusik pierde parte de su efectividad, y entonces podemos recurrir al *Alpenveriein* que es más seguro y también algo más complicado. En la figura 3-A podemos verlo sin azocar, y en la 3-B ya azocado. Este artilugio tiene una sola postura correcta de funcionamiento, por lo que se cuidará respetar la que se indica en la lámina.


ESLINGAS

Las eslingas son los cabos que se utilizan para abrazar y suspender objetos, y también para arrastrarlos y por extensión, también las amarraduras que se efectúan con las eslingas.

En la lámina 32 se muestran varias de ellas. En primer lugar, figura 1, se ha eslingado un tronco para su arrastre. El vuelta de braza lo sujeta y el cote delantero lo guía en el arrastre.

Las figuras 2 y 3 muestran cómo eslingar un tronco para izarlo, bien con una presilla de alondra, bien con galeras especialmente dispuestas, y la figura 4, cómo eslingar un objeto que deba ser izado verticalmente, para lo cual se ha utilizado un

Fig. 1

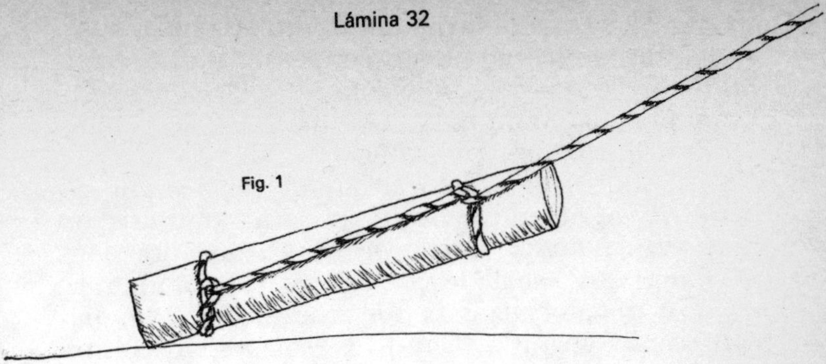

Fig. 2

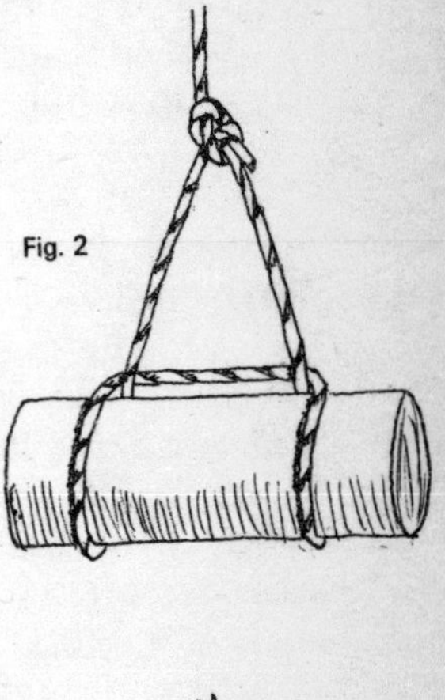

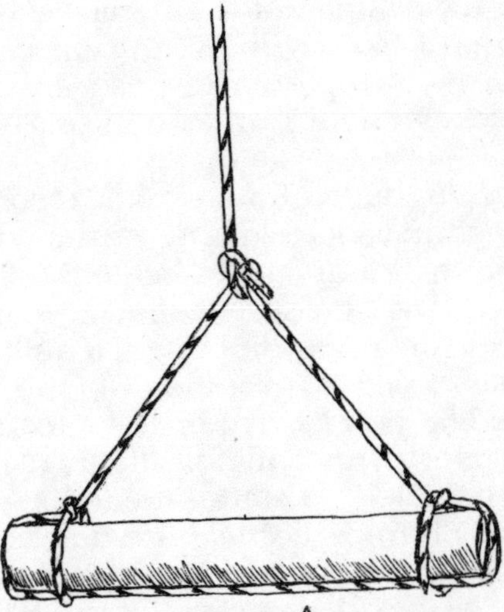

Fig. 3

A

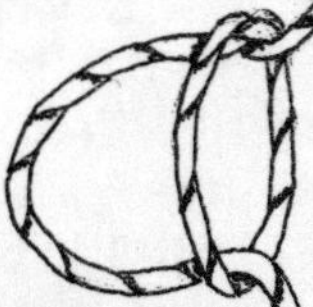

B

Fig. 4

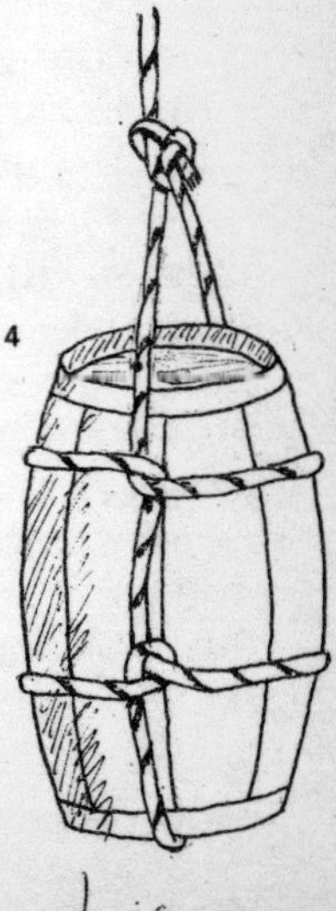

Luis

arnes de hombre en la parte inferior, azocado alrededor, y dos vueltas cruzadas en la superior. En los tres últimos casos se ha unido el chicote al firme por medio de un as de guía.

Para «eslingar» personas se utilizan algunos nudos que se han visto en cuadernos anteriores, como el vuelta de calafate, pero a continuación explicamos cómo hacer arneses muy prácticos para rappel y escalada, aunque modernamente se sustituyen cada vez más por arneses de cinta, más cómodos y seguros. Tanto los arneses de cintura como de pecho deben realizarse pensando en soportar a la persona embragada con comodidad sin dificultar sus movimientos y sin causar daños de importancia en caso de una retención brusca. Para ello, los arneses reparten el peso en varios puntos, y no se ciñen ni aún con tirones muy bruscos.

El más sencillo de cintura se hace con un cordino de longitud adecuada al grosor de la persona, en la forma en que se indica en la figura 1 de la lámina 33. Los chicotes se ajustan con un llano o mejor con un nudo de cinta. La anilla así formada se pasa por la espalda (figura 1-A) y se recogen de ella tres gazas por delante, gazas que se sujetan con un mosquetón (figura 1-B). El arnes debe quedar bien ajustado alrededor de la cintura pelviana. El arnes de pecho requiere algo más de cuerda. Se pone en doble y se pasa tras la espalda y entre el brazo derecho (figura 2-A). La gaza se introduce por el interior de un galera y se lleva bajo el brazo derecho y sobre la cabeza (figura 2-B). Para azocarlo, la gaza del galera se lleva hacia adentro de su malla, arrastrando consigo las dos gazas que antes introducimos y el resultado final es una especie de as de guía con tres gazas, las cuales sujetarán pecho (figura 2-D) y espalda (figura 2-C) perfectamente.

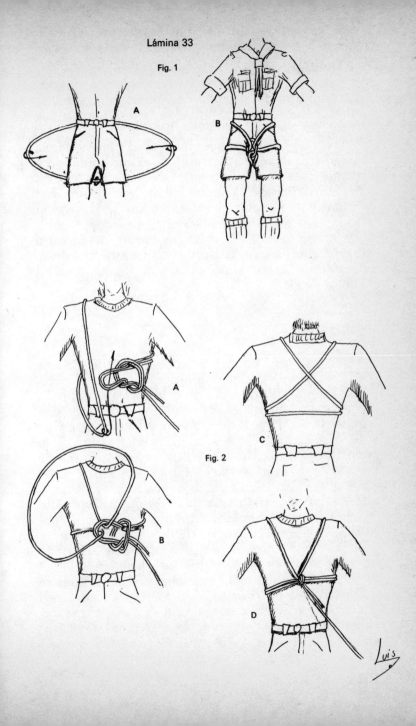

Lámina 33

Fig. 1

A

B

A

Fig. 2

C

B

D

## ALGUNOS ADORNOS

El fabricar objetos útiles o de adorno tejiendo y anudando cabos es todo un arte que se conoce con el nombre de macramé. Yo he visto maceteros, lámparas, hamacas, etc., que son verdaderas obras de arte.

También a nosotros se nos puede presentar la ocasión de adornar algún trabajo o construcción y aunque nuestra labor pueda ser más rústica, no por ello debemos desaprovechar la oportunidad de marchamear con un detalle, un trabajo bien hecho. Las posibilidades son prácticamente ilimitadas, y en buena parte dependerán de nuestra capacidad creadora, gusto y sentido estético. Reseñamos, por tanto, sólo cuatro trabajos de fácil elaboración.

## BARRILETE

Este adorno, también conocido como cabeza de turco, sirve desde pasapañuelos, hasta llavero, pasando por adorno de un bordón o bastón, de un pasamanos, chicote de una guía, etc. Con unas tres vueltas y sin azocar queda con un agujero en su centro, pero si le damos algunas vueltas más y lo azocamos, se convierte en una pelota que puede rellenarse, lo cual se hace cuando se utiliza como chicote de guía. Se llama guía, a un cabo delgado que se lanza a distancia, por ejemplo, desde un barco a un embarcadero. Cuando desde el embarcadero cogen el chicote de dicho cabo, halan de él, y como en el otro extremo va atado la amarra o calabote, recuperan también ésta, y pueden amarrar el barco. En la figura 1 de la lámina 34 se muestra su desarrollo: en primer lugar, hay que tomar dos cocas superpuestas, como si fuera a hacerse un ballestrinque. Con el chicote, trenzamos dichas vueltas con sólo dos pasadas, y ya tenemos hecha la base del barrilete. Todas las vueltas siguientes,

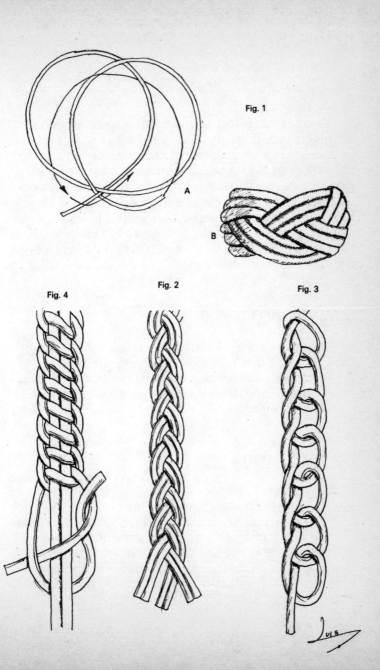

Fig. 1

A

B

Fig. 4

Fig. 2

Fig. 3

siguen prácticamente el recorrido inicial. La figura 1B muestra un barrilete útil como pasapañuelo. Los dos chicotes han quedado escondidos en el interior. Si se azocara más, poco a poco, iría tomando forma de pelota.

## TRENZA

La figura 2 muestra una simple trenza hecha en doble con un cordón de cuero. La figura 3 muestra una *cadeneta* de rapidísima ejecución y muy fácil de deshacer (basta soltar el chicote y tirar de él) y, finalmente, una cinta plana tejida con cuatro cordones. Los dos centrales forma el «alma» y los laterales se entrecruzan como indica la figura 4. Es importante hacer siempre los nudos en el mismo sentido, para que la cinta quede perfectamente regular.

## ALGUNAS LABORES RAPIDAS

Algunas veces el tiempo nos apremia y debemos efectuar los trabajos rápidamente, sacrificando su presencia o acabado, pero no su efectividad. A continuación, describimos con tres ejemplos lo que queremos decir.

## COSTURA RAPIDA

La figura 1 de la lámina 35 muestra cómo «coser» muy rápidamente una gaza. Se remata el chicote con una trinca, se descolcha el cabo y se introduce el chicote entre sus cordones como en 1B. El chicote que asoma también se descolcha en parte, y se introduce por entre sus cordones todo el firme. Sólo queda zocar y queda hecha una gaza quizá no muy bella, pero sí muy efectiva 1C.

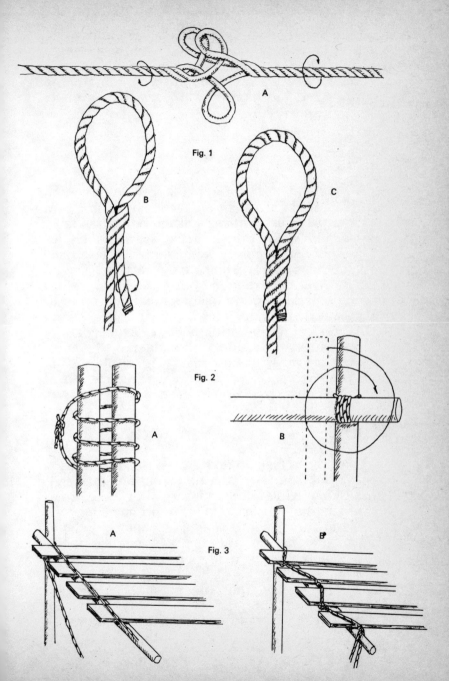

Fig. 1

Fig. 2

Fig. 3

## AMARRE RAPIDO

Fundándonos en los principios del amarre en trípode, la figura 2 de la lámina 35 muestra cómo hacer un amarre con las virtudes del cuadrado y del diagonal, muy rápidamente. Frecuentemente, sólo podemos utilizarlo en uno de los extremos, pero nos ahorrará bastante tiempo y, además, con una total eficacia.

## SUPERFICIES DE MESAS

En la figura 3 de la lámina 35 puede verse una manera rápida y efectiva de trincar tablas para hacer superficies de mesas, asientos u otras labores parecidas. En primer lugar, se disponen las tablas sobre su soporte ordenadamente, y se hace firme en un extremo el chicote del cabo que servirá para amarrar. Se extiende el firme sobre las tablas por encima del soporte hasta su extremo opuesto sin azocar demasiado y desde allí y por abajo se va «cosiendo» el firme a derecha e izquierda del soporte alternativamente. A medida que se avanza, el firme se va azocando más y más, pues cada «puntada» resta un poco de cabo, ofreciendo al final una considerable resistencia.

## REDES

Tejer redes ha sido de siempre una de las artes básicas del cabuyero. Una de las formas más sencillas de hacerlo es la que describimos a continuación. (Lámina 36, figura 1.) En primer lugar, es necesario contar con una aguja o especie de bobina alargada, que, en su forma más sencilla, puede servirnos un trozo de madera redonda y resistente en la que enrollaremos el hilo. El rollo de hilo debe de ser de grosor suficiente para que pase con facilidad por dentro de las mallas y, por tanto, dependerá del tamaño que deseemos para éstas.

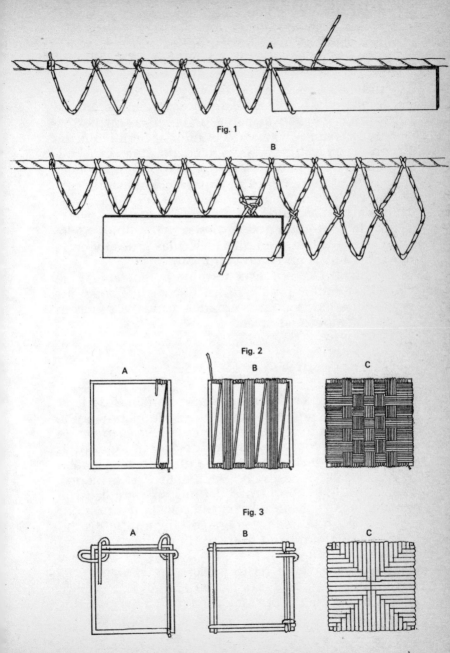

Fig. 1

Fig. 2

Fig. 3

El segundo instrumento necesario es el mallero, esto es, un molde cilíndrico o rectangular del tamaño de media malla. Este mallero se usa para que todas las mallas salgan del mismo tamaño.

La red podemos empezarla tendiendo un cabo, normalmente algo más grueso que el hilo que empleamos para la red en sí, y fijando el chicote del hilo en uno de sus extremos con una vuelta de artillero. Paralelo al cabo, ponemos el mallero y sobre él vamos corriendo el hilo, haciéndolo firme con un ballestrinque bien azocado. Una vez terminada la primera fila transversal, empezamos a tejer la segunda en dirección contraria, empleando esta vez vueltas de tejedor, como se muestra en la figura 1B. Siguiendo las mismas pautas, se teje la red de la medida que se desee, y la última vuelta se puede rematar en otro cabo más grueso y en la misma forma en como la iniciamos.

Cuando la red está terminada, se moja y se pone a estirar para que así encoja la fibra y los nudos queden bien apretados y no se escurran bajo tensiones laterales.

## TEJER ASIENTOS

Vamos a ver dos formas muy sencillas de tejer asientos: la primera, «en cuadros de ajedrez», y la segunda, la más clásica de «anea». *En cuadros de ajedrez:* Se toma el bastidor del asiento y en uno de sus ángulos se hace firme un chicote del cabo y se envuelve con ocho vueltas (o más o menos, según se desee) un trozo del mismo, para llevar al cabo bien tensado a la parte opuesta del bastidor y hacer allí la misma operación (figura 2A). Hecho esto se da el mismo número de vueltas. Pero esta vez uniendo los dos lados opuestos del bastidor, y así sucesivamente hasta llegar al final (figura 2B). Una vez terminada esta parte del trabajo, se vuelve a hacer la misma operación en los otros dos lados del bastidor, pero ahora llevando siempre el cabo de un lado al otro y trazándolo alternativamente con la parte ya montada.

Como es muy incómodo trabajar con un rollo grande de cuerda, sobre todo, en la parte final del trabajo, es mejor hacerlo con varios pequeños, que se van amarrando cuando sea necesario, pero siempre de forma que el nudo quede escondido en la parte inferior. (Ojo: el trabajo utiliza bastante más cuerda de la que en un principio cabe esperar.)

La otra forma de tejer asientos es más clásica y se realiza así: en uno de los ángulos del bastidor, se hace firme el cabo y se pasa sobre el lateral más próximo, saliendo de nuevo por dentro y llevándolo al lado opuesto por arriba. Esta operación se repite cuantas veces sea preciso azocando bien, hasta completar el bastidor (figura 3, lámina 36). También aquí es aconsejable trabajar con ovillos pequeños y unirlos cuantas veces sea necesario, ayustándolos en la parte no visible.

## PARABOLOIDES

Con este nombre se conocen unos adornos de cuerda muy utilizados en portadas, altares, etc., e incluso para adornar paredes de locales. Se pueden realizar muchas composiciones diferentes, pero la técnica a seguir siempre es la misma: supongamos en su forma más simple, una L de madera, formada por dos troncos de longitud y grosor convenientes y llamemos a la parte vertical A y a la horizontal B. Como en nuestro caso, A es de longitud doble que B, en el tronco A fijaremos cáncamos (o clavos doblados) cada 10 cm., por ejemplo, mientras que en B lo hacemos cada 5 cm. Así, el número de cáncamos en cada lado es el mismo, 20 en nuestro caso, los cuales los numeraremos empezando por el vértice correlativamente. 1-A, 2-A... y 1-B, 2B, etc. Podemos iniciar el paraboloide fijando el chicote del cabo en el cáncamo 20-A y llevándolo hasta el 1B. De ahí lo pasaremos al 2-B y después al 19-A, del 19-A lo llevaremos al 18-A y del 18-A al 3-B etc., hasta el último que será del 20-B al 1-A. En las figuras de la lámina 37 podemos ver esto más claramente. El cabo deberá ir bien tenso y el resultado final será bonito y espectacular.

Evidentemente, no es necesario que los mástiles se crucen en ángulo recto y pueden hacerlo en cualquier otra forma y también pueden tener cualquier medida.

## ANCLAJES

Los anclajes son los puntos donde se enganchan los vientos, y es frecuente necesitar de buenos anclajes en el curso de nuestros trabajos. El anclaje más básico es el de clavijas, esto es, una espiga de madera hundida en el suelo. Para obtener un índice máximo de resistencia a la tracción, la clavija debe estar hundida con una inclinación de alrededor de 45º (figura 1, lámina 38) y el viento debe apoyarse lo más cercano posible al suelo, para evitar en lo posible brazos de palanca (figura 2, lámina 38). Cuando la clavija deba soportar mucha fuerza, una buena solución es clavar otra detrás y unir con un cabo su base a la cabeza de la primera, es decir, aprovechar los brazos de palanca a nuestro favor. Pero cuando la fuerza a soportar es tan grande que nos llevaría a utilizar clavijas también muy grandes, un anclaje de total garantía es el que describimos en último lugar.

Se corta un tronco de grosor y longitud adecuado, y en su centro se fija un cabo con una gaza al final. Se hace una zanja del largo del tronco y algo inclinada (figura 3, lámina 38) con otra zanja más estrecha y perpendicular en su centro. En la zanja grande se introduce el tronco, y por la pequeña se saca la gaza antes de cubrirlo todo de nuevo con la tierra sacada. La gaza que asoma es un magnífico punto de anclaje si se utiliza en la dirección adecuada.

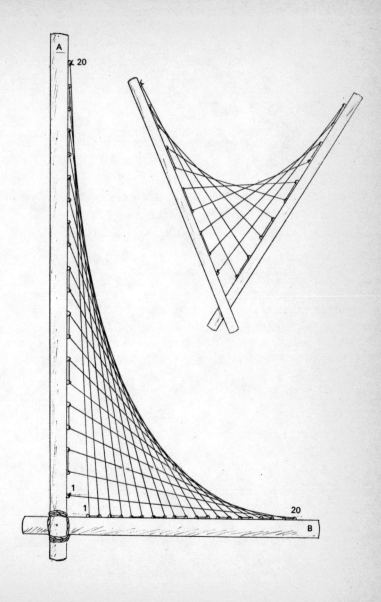

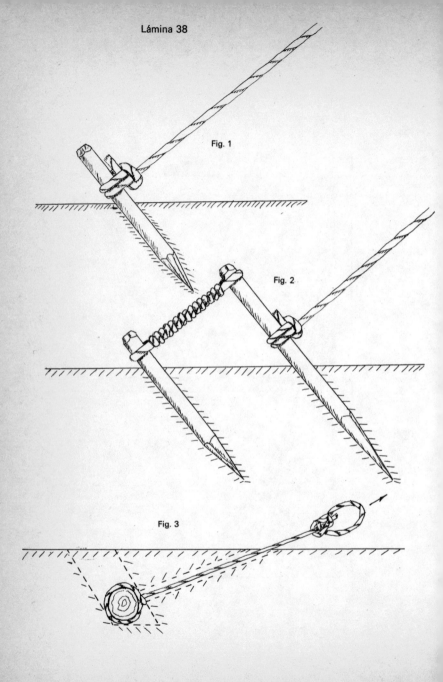

Fig. 1

Fig. 2

Fig. 3

# GLOSARIO DE CABUYERIA ESPAÑOL-ESPERANTO
## ŜNURARA TERMINARO HISPANA-ESPERANTA

| | |
|---|---|
| Adujar | ŝnurrepreni |
| Ahorca perro. Nudo | Glita seĝnodo |
| Alma | ŝnuranimo |
| Amarra | kablo |
| Amarrar | Kabli. ligi |
| Amarre | ĉizkaûvolvo |
| Aparejo | rigilaro |
| Arganeo, vuelta | sitela nodo |
| Arnes de hombre, nudo | junga nodo |
| As de guía, nudo | seĝnodo |
| Ayustar | interligi |
| Azocar | streĉi |
| | |
| Balso | snurreprenero |
| Balso por seno, nudo | duobla segnodo |
| Ballestrinque, vuelta | mastkroĉo |
| Ballestrinque, doble vuelta | duobla mastkroĉo |
| Beta tejida | teksŝnuro |
| Bramante | ŝnureto |
| Braza, vuelta | lignokroĉo |
| | |
| Cabo | ŝnuro |
| Calabrote | ŝnurego |
| Cabuyería | ŝnuraro |
| Cirujano, nudo | kirurga nodo |
| Cobrar | haûli |
| Colchar | snurumi |
| Cordón | ŝnurero |
| Corredizo, nudo | glitnodo |
| Costura | spliso |
| Cote | kapnodo |
| Cuadrado, amarre | kvadrata ĉizkaûvolvo |
| | |
| Chicote | ŝnurekstremajo |
| Diagonal, amarre | diagonala ĉizkaûvolvo |
| Driza | hisŝnuro |

| | |
|---|---|
| Embastado | fuŝreprenada |
| Encapillar | jungi |
| Escota, vuelta | ŝkotkroĉo |
| Eslinga | ŝnurpendigilo |
| Eslingar | ŝnurpendigi |
| Estacha | animŝnuro |
| | |
| Falcacear | Finvolvigi |
| Filástica | ŝnurfibro |
| Firme | firmajo |
| | |
| Galera, vuelta | trenkroĉo |
| Gaza | laĉtruo |
| Grupo doble de calabrote | duobla okforma nodo |
| Guardacabo | koŝo |
| | |
| Hilo | fadeno |
| | |
| Lasca, nudo | okforma nodo |
| Lazada, nudo | banto |
| Ligada | ligado |
| Llano, nudo | refnodo |
| | |
| Malla | kapnodo |
| Margarita, nudo | Krurnodo |
| | |
| Nudo | nodo |
| | |
| Paralelo, amarre | okforma ĉirkaŭvolvo |
| | |
| Rizo, nudo | duobla ŝunodo |
| | |
| Seno | ŝnursinuo |
| Silla de bombero, nudo | eskapnodo |
| Socollazo | ektiro |
| | |
| Tejedor, nudo | teksista nodo |
| Tejedor doble, nudo | duobla teksista nodo |
| Tirolina | sauŝnuro |
| Trinca | ligado |
| Viento, de mástil | mastŝnuro |
| Viento, de tienda | tendŝnuro |
| Vuelta | kroĉo |

# INDICE

# TITULOS PUBLICADOS

## EL BUHO VIAJERO

### Serie «AIRE LIBRE»

1.— **Correr. Manual para footing y maratón.**
   Juan Mora (3.ª ed.).

2.— **Acampar. Manual práctico.**
   Antonio Ruiz. Benigno Varillas. Prólogo de Joaquín
   Araújo (4.ª ed. corregida y aumentada).

3.— **Montañismo. Manual práctico.**
   Francisco Aguado.

4.— **El perro. Manual práctico.**
   Elicio Dómbriz.

5.— **Doñana. Manual práctico.**
   Jesús Vozmediano. Prólogo Javier Castroviejo.

6.— **Aragón en la mochila.**
   J. A. Labordeta.

7.— **Nuestro entorno. Manual de educación
   medioambiental** (Agotado).
   Antonio Ruiz.

8.— **Labores con cabos.**
   Luis Gilpérez.

9.— **Los Pirineros.**
   Ramón Antor.

10.— **El naturalista a su suerte.**
   Fernando Parra.

11.— **Lectura de planos.**
   Luis Gilpérez.

12.— **Guía de los Zoos, Safaris y Acuarios de España.**
   Miguel M.ª Jiménez de Cisneros y Baudín.

13.— **Los Derechos de la Naturaleza.**
   Cristina Alvarez.

14.— **La Protección de la Fauna Salvaje en España.**
   Carlos Aguilera Salvetti.

15.— **La Investigación del medio en la Escuela.**
   Paco Olvera.

16.— **Cicloturismo de alforjas.**
   Luis Gilpérez.

37.— **Andar por las Sierras Subbéticas cordobesas.**
Antonio Zafra Romero.

38.— **Andar por el valle del Roncal.**
Grupo Bortini.

39.— **Andar por la Sierra de Aracena.**
Pablo José Romero Gómez.

40.— **La verguenza Nacional.**
Luis Gilpérez Fraile.


## Serie «CONTACTO«

1.— **Los pájaros.**
Angeles de Andrés y Antonio Sacristán.
Prólogo de Joaquín Araújo (2.ª ed.).

2.— **Los anfibios y reptiles.**
V. Pérez Melero y A. Sacristán (2.ª ed.).

3.— **Los mamíferos.**
Miguel Delibes y Joaquín López Rojas (2.ª ed.).

4.— **Los árboles.**
Mercedes Alsina y Rafael Aburto.

5.— **Los peces.**
Joaquín Muñoz Cobos y Manuel Merino.

6.— **Los invertebrados de agua dulce.**
Antonio García Valdecasas y Nacho Vaticón.

7.— **Las plantas medicinales.**
Joaquín Jiménez y Fernando López Herencia.

8.— **Las mariposas.**
Javier Sánchez y J. M. Clemen.

9.— **Las setas.** (Agotado).
Joaquín G. Cano, R. Aburto y J. R. Ballesteros.

10.— **Las plantas de interior.**
Elicio Dombriz y Fernando López Herencia.

11.— **Conocer la naturaleza.**
Fernando L. Rodríguez y J. R. Ballesteros.

12.— **Las aves rapaces.**
Antonio Manzanares y Fernando López Herencia.

13.— **Las especies protegidas.**
Joaquín Araújo y Juan M. Varela.

14.— **La vida en el suelo.**
Francisco Rueda y Jorque M. Lobo.

# NOTAS

......................................................

......................................................

......................................................

......................................................

......................................................

......................................................

......................................................

......................................................

......................................................

......................................................

......................................................

......................................................

# NOTAS

................................................................

................................................................

................................................................

................................................................

................................................................

................................................................

................................................................

................................................................

................................................................

................................................................

................................................................

................................................................

................................................................

# NOTAS

# NOTAS